*sino que - but (bef. clause
after neg. statem)
look up - unless.*

Temas y Diálogos

DAVID F. ALTABÉ

*Queensborough Community College
of the City University of New York*

48

HOLT, RINEHART AND WINSTON
NEW YORK TORONTO LONDON

*Bulley A. tillis.
281 452 2809*

Illustrations by Bert Tanner

Copyright © 1970 by Holt, Rinehart and Winston, Inc.
All Rights Reserved

Library of Congress Catalog Card Number: 77–86100

Printed in the United States of America

SBN: 03–080245–8
0123   40   98765432

Preface

The aim of *Temas y diálogos* is to encourage the development of fluency in Spanish by stimulating thought on several universal themes. Designed to follow any basic first-level program, this book also aims to provide a review of grammar while building up a practical vocabulary. Each chapter is arranged as follows: **1.** *Tema* **2.** *Apuntes escogidos* **3.** *Breves conversaciones en resumen* **4.** *Diálogo* **5.** *Composición*.

The theme of each essay is up-to-date and contemporary, but also perennial, touching upon such topics as fashion, the generation gap, the emancipated woman, etc. Many of the essays are based on articles which have appeared in newspapers and magazines in the United States and the Spanish-speaking world.

In *Apuntes escogidos* the student is guided in the use of idiomatic expressions and grammatical points in appropriate contexts. The *Conversaciones breves en resumen* permit the student to repeat short questions and answers in Spanish and then combine the answers into one sentence, thus developing his ability to construct complex sentences orally. These drills are available on tape and can be effectively practiced by the student in the language laboratory. The *Diálogos* are designed to be read aloud with students taking the roles of the speakers and acting them out.

The final section, *Composición*, lists topics for discussion related to the theme of the lesson. It is essential that the student prepare as homework a paragraph or two on one of these topics. During the first ten minutes of the class, each student should re-read his composition to himself and then rewrite it without reference to the original. This will serve to fix in his mind what he will say when called upon to express his views on the theme of the lesson. After the oral presentation of the composition, the students should be encouraged to question each other on their ideas. If this method is followed, students will develop facility to discuss the theme without hesitation, proving the value of that old adage, "Think before you speak."

No attempt is made in *Temas y diálogos* to review all points of Spanish grammar. There is rather a practical arrangement of drills on grammatical concepts which I have found give English-speaking students most difficulty.

It is my hope that both students and teachers will find the lessons enjoyable as well as effective in developing linguistic skills.

In the writing of this textbook, I am indebted to those who have given me the inspiration and knowledge to do so: my parents and teachers. I am grateful to Miss Carmen B. Lombas of the Bishop Reilly High School and Queens College for serving as consultant on the book and for her continuing personal interest in it. I gratefully acknowledge my indebtedness to my students. The experience I have gained teaching them stands behind every page of this text. Most of all I am indebted to my wife without whose encouragement this book could not have been written.

D.F.A.

Table of Contents

Temas y Diálogos

TEMA I

Las modas

Todos los años los creadores del arte de vestir anuncian al público los nuevos estilos que van a lanzar al mercado. Las innovaciones siempre consisten en cambios en el corte y los colores de la ropa. Claro está que el cambio de estación impone algunas de estas varia-
5 ciones, como el uso de distintas telas exigido por el paso del invierno a la primavera. Pero si los vestidos eran de lana el invierno pasado, es muy posible que sean de seda o terciopelo este invierno. El plástico está reemplazando al cuero en los zapatos, las carteras, los impermeables y las botas. Ya se venden hasta vestidos de papel.
10 El escote del vestido y el largo de la falda son detalles que cambian constantemente. Por ejemplo, desde la Edad Media hasta el principio del siglo veinte, las mujeres llevaban la falda al nivel del tobillo y aun mas bajo. Más tarde, la falda fue subiendo lentamente hasta la rodilla. Después de la Segunda Guerra Mundial, bajó otra vez hasta la panto-
15 rrilla con la llegada de la "nueva ola" de entonces. Recientemente ha subido hasta niveles que dejan ver gran parte de los muslos con la "minifalda".

Antiguamente, cada país tenía una moda distinta por razones de clima o de tradición. Hoy día hay modas exóticas basadas en estilos
20 orientales o africanos. La mujer de hoy puede vestirse como una esclava egipcia o como un jinete cosaco con botas y todo y no nos parece rara. Uno puede ver estos estilos y cambios de moda repetidos en todas las ciudades del mundo. En cuestiones de moda ya no existen las fronteras de antaño, sólo las de la temporada.

Vocabulario

antaño yesteryear, long ago
antiguo old, ancient; **antiguamente** formerly
corte *m.* cut, fit
cosaco Cossack
cuero skin, leather
egipcio Egyptian
esclavo slave
escote *m.* neckline
exigir to demand, require
impermeable raincoat, waterproof
imponer to impose
jinete *m.* horseman

lana wool
lanzar to launch, hurl; **lanzar al mercado** to put on the market
muslo thigh
nivel *m.* level
ola wave; **nueva ola** new look
pantorrilla calf of the leg
seda silk
tela cloth, fabric
temporada season; time of year
terciopelo velvet
tobillo ankle

Preguntas

1. ¿Qué cambia todos los años?
2. ¿Por qué son necesarios los cambios de moda?
3. ¿Qué efecto tiene el clima en la moda?
4. ¿Qué ha pasado con el largo de la falda a través de los años?
5. ¿Cómo son algunas modas de hoy?
6. ¿Hay límites en la manera de vestirse hoy?
7. ¿Puede uno ver distintas modas en Londres, París o Nueva York?

Vocabulario Temático

A. El cuerpo *(The Body)*

la barba chin; beard
el bigote mustache
el brazo arm
la cadera hip
la cintura waist
el codo elbow
el cuello neck
el dedo finger; toe
el diente tooth
la espalda back
el estómago stomach
la garganta throat
el hombro shoulder
la lengua tongue

la mano hand
la muñeca wrist
el muslo thigh
la nariz nose
el oído ear (*the organ of hearing*)
el ojo eye
la oreja ear (*the visible ear*)
la pantorrilla calf of the leg
el pecho chest
el pelo hair
el pie foot
la pierna leg
la rodilla knee
el tobillo ankle

la uña finger nail; toenail

B. Prendas de vestir (*Articles of Clothing*)
(The terms listed below are those generally used throughout the Spanish-speaking world. Dialectal differences, however, are quite common in the designation of some articles of clothing.)

el abrigo overcoat	**las gafas (de sol)** sunglasses
la blusa blouse	**los guantes** gloves
las botas boots	**el impermeable** raincoat
la bufanda scarf	**los lentes** eyeglasses
los calcetines socks	**las medias** stockings
la camisa shirt	**los pantalones** pants
la cartera pocketbook; wallet	**el paraguas** umbrella
el cinturón belt	**la ropa interior** underwear
la corbata tie	**el sombrero** hat
el chaleco vest	**el suéter** sweater
la chaqueta jacket	**el traje** suit
la falda skirt	**el vestido** dress

los zapatos shoes

C. Telas y materiales (*Fabrics and Materials*)

el algodón cotton	**la piel** fur
el cuero leather	**el plástico** plastic
la lana wool	**el raso** satin
el lino linen	**el rayón** rayon
el nilón nylon	**la seda** silk
el papel paper	**el terciopelo** velvet

Apuntes Escogidos

I. Ser de + Noun

The construction **ser de** followed by a noun is used to express:
a. ownership, **b.** origin, **c.** the material from which the subject is made.

a. El vestido **es de** María. *The dress is Mary's. (It is Mary's dress.)*

b. El vestido **es de** Madrid. *The dress is from Madrid.*

c. El vestido **es de** seda. *The dress is made of silk. (It is a silk dress.)*

Ejercicio

Cambie Vd. las frases según las indicaciones.

1. La blusa es de Elena.
   (el abrigo / la falda / las medias / los guantes)

2. Los zapatos son de Italia.
(las botas / la cartera / el cinturón / la camisa)
3. La camisa es de algodón.
(seda / lana / nilón / terciopelo / fibra sintética)

II. Agreement of Noun and Adjective

The adjective agrees in gender and number with the noun it modifies.
It is especially important to keep this in mind when the adjective is
separated from the noun.

Ejercicio

Haga Vd. frases completas según el modelo.

a. MODELO
(vestido nuevo) El vestido es nuevo.

(blusa nueva / guantes viejos / faldas cortas / sombrero ancho / medias largas / cinturón estrecho / chaqueta grande / cartera pequeña)

b. MODELO
(vestido nuevo) El vestido que llevo es nuevo.

(traje viejo / camisa fina / chaqueta corta / falda ancha / zapatos estrechos / guantes largos / gafas oscuras / abrigo grande)

Breves Conversaciones en Resumen

*Repeat the following questions and answers. After each set combine your
answers into one complete sentence using the conjunction in parentheses,
when it appears. Avoid repetition and disregard words such as* **sí** *and* **no**.

MODELO

1. ¿De qué género es el vestido que llevas?
Mi vestido es de seda.
2. ¿Es nuevo?
Sí, es nuevo. (y)
3. ¿Es de la última moda?
Sí, es de la última moda.
RESUMEN: Mi vestido de seda es nuevo y es de la última moda.

A.

1. ¿Cuándo compraste este vestido?
   Compré el vestido ayer.
2. ¿Dónde?
   En una tienda de la Quinta Avenida. (y)
3. ¿Cuánto pagaste?
   No me costó mucho.
RESUMEN: . . .

B.

1. ¿Tienes zapatos que hagan juego con (*match*) el vestido?
   No, mañana voy a comprar zapatos.
2. ¿De qué van a ser?
   De plástico.
3. ¿De plástico?
   Sí, porque es la última moda.
RESUMEN: . . .

C.

1. ¿Qué piensas de los nuevos estilos?
   Los nuevos estilos son bastante atractivos. (pero)
2. ¿Y las nuevas faldas?
   No me gustan las nuevas faldas.
3. ¿Por qué?
   Porque son muy cortas.
RESUMEN: . . .

D.

1. ¿Es este sombrero de Francia?
   No, el sombrero es de España. (donde)
2. ¿Creía que era francés este tipo de sombrero?
   Fue inventado por los vascos. (y)
3. ¿No es un "beret"?
   En España lo llaman boina.
RESUMEN: . . .

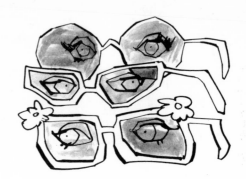

Diálogo I

PEPE: Hola, Ana. Te ves muy bien hoy, pero ¿por qué llevas esas gafas negras? No hay sol.

ANA: ¿No sabes que es la última moda? Hoy día las mujeres usan gafas para sentirse más exóticas y misteriosas.

PEPE: Pero Ana, tú no necesitas gafas para ser encantadora. Además, prefiero ver tus ojos.

ANA: Todas las mujeres llevan gafas; no quiero parecer anticuada.

PEPE: Creía que las mujeres se vestían para ser atractivas a los hombres.

ANA: ¿Qué saben los hombres de la moda?

PEPE: Yo no digo que yo entienda de modas, pero sé lo que me gusta.

ANA: Una mujer debe vestirse para lucir su belleza, su elegancia, su manera de ser.

PEPE: Eso digo yo, pero me parece que las mujeres tratan de ser anti-conformistas. En efecto, son esclavas del anticonformismo establecido.

ANA: ¡Qué tonto eres! Lo que parece extraño ahora, en dos meses ya no despertará ningún interés.

PEPE: Si, pero la belleza no es cosa del momento. Hay estilos clásicos que nunca perderán su elegancia y distinción.

ANA: Son muy pocos los que aprecian lo clásico. Los demás insisten en cambios, siempre cambios.

PEPE: La verdad es que las mujeres ya no se visten para los hombres.

ANA: Hay quien se viste para un hombre y hay quien se viste para su propio gusto. La mujer tiene una obligación hacia sí misma. La mujer de hoy ya no está sujeta a las reglas de vida social de antes.

PEPE: ¡Qué va! Los cambios de moda siempre han existido y siempre existirán.

ANA: Bueno, si es así, ¿por qué no me dejas llevar estas gafas en paz? Adiós, Pepe. Te veo mañana.

Preguntas

1. ¿Qué lleva Ana? ¿Le gusta a Pepe?
2. ¿Por qué no necesita gafas negras, según Pepe?
3. ¿Por qué lleva Ana gafas negras?
4. ¿Para qué debe vestirse la mujer?
5. ¿Cómo tratan de ser algunas mujeres en el vestir?
6. ¿Qué ventaja tienen los estilos clásicos?
7. ¿Por qué no son apreciados los estilos clásicos?
8. ¿Qué libertades tienen las mujeres de hoy?
9. ¿Cree Vd. que las mujeres se visten para complacer a los hombres?
10. ¿Cree Vd. que la mujer debe vestirse para complacer a su novio o a su esposo? ¿Por qué?

Composición

Write a composition of at least one hundred words on one of the following topics or on another aspect of the same theme.

1. La crítica de un aspecto de la última moda de las mujeres o de los hombres.
2. La defensa de un aspecto de la última moda que muchos critican.
3. El factor económico en el cambio de la moda.
4. La moda como reflejo de la época.
5. La influencia clásica (oriental, africana, o de cualquier nacionalidad) en la moda de hoy.

TEMA II

La televisión

Ande Vd. de noche, estimado lector, por las calles de la ciudad y las encontrará desiertas. Vaya Vd. al cine y si no es sábado por la noche, lo hallará casi vacío. Las tiendas están cerradas en todos los barrios con excepción de algunos centros comerciales donde se encuentran los
5 grandes almacenes. ¿Dónde está la gente? Todo el mundo está en casa mirando la televisión.

La televisión es un narcótico. Los adictos a esta forma de diversión son de todas las edades y de todas las clases sociales. Su número va creciendo todos los años. Antes, si le gustaban a uno las películas, iba
10 al cine una o dos veces a la semana. Ahora hay gente que mira películas en la televisión todas las noches de la semana.

El espectador adicto, como todos los adictos, explica su hábito de muchas maneras. Hay algunos que dicen que la televisión tiene un efecto calmante en los nervios y tienen razón. Tal vez las madres
15 fueron las primeras en darse cuenta de este fenómeno cuando notaron el encanto hipnótico que ejercía la televisión en los niños. Encontraron que mientras estaba puesta la televisión, los niños comían cualquier cosa que se les daba y ellas podían estar tranquilas sin preocuparse por sus muebles y objetos de arte. Recientemente leí en una
20 revista que en los jardines zoológicos, se han instalado televisores en las jaulas y se ha observado el mismo efecto tranquilizador en los animales feroces. Algunos tigres se han hecho tan mansos como corderos.

Vocabulario

almacén *m.* department store
barrio section of a city, neighborhood, borough
cordero lamb
crecer to grow, increase
ejercer to exercise

encanto charm, enchantment, spell
feroz ferocious
jardín zoológico *m.* zoo
jaula cage
manso tame
televisor *m.* television set
vacío empty

Preguntas

1. ¿Por qué están desiertas las calles de noche?
2. ¿En qué parte de la ciudad están las tiendas abiertas?
3. ¿Cómo pasa el tiempo la mayor parte de la gente?
4. ¿A qué se parece la televisión?
5. Mencione Vd. un ejemplo del efecto narcótico de mirar la televisión.
6. ¿Quiénes fueron los primeros en notar el efecto tranquilizador de la televisión?
7. ¿Qué fenómeno se ha observado recientemente en los jardines zoológicos?

Apuntes Escogidos

I. Estar + Past Participle

Estar is used with the past participle to express a state resulting from an action.

> El hombre cerró la tienda. (*Result*) → La tienda **está** cerrada.
> *The man closed the store.* (*Result*) → *The store is closed.*

(Note that in such cases, the past participle is used as an adjective and must agree with the subject of **estar**.)

Ejercicio

Cambie Vd. las frases según las indicaciones.

1. Los cines están abiertos.
   (los almacenes / la ventana / la jaula / el jardín / el cine)
2. Los cines están vacíos.
   (ocupados / cerrados / abiertos)

II. The Present Participle

The present participle can be translated as follows:

$$\text{Verb stem} + \begin{cases} \textbf{-ando} & \textit{by or in} \\ \textbf{-iendo} & \textit{the act of} \end{cases} + \text{Verb stem} + \textit{-ing}$$

Mirando la televisión, los ani-   *By watching television, the animals*
males se hacen mansos.   *become tame. (In the act of watching*
television, animals become tame.)

The use of the present participle with **estar** to form the progressive tenses is an extension of the sense of being in the act of doing something.

Estoy mirando la televisión.   *I am (in the act of) watching television.*

Ejercicio

Cambie Vd. la frase según las indicaciones.

Él pasa mucho tiempo mirando la televisión.
(leyendo libros / charlando con sus amigos / oyendo música / reparando el televisor)

III. Se in Impersonal Expressions

In an impersonal expression the one who performs the action is not clearly stated. In English, if we wish to say that anyone can see something, we may begin by using one of the following expressions "it can be seen", "one can see", or even "they can see". The "they" in this case does not refer to a particular group of people, but to anyone.

In Spanish, the reflexive pronoun **se** is used with the third person singular or plural of the verb to express this "anonymous" subject. As in all reflexive constructions, the object is also the subject of the verb. The verb will be in the plural, if the object is plural.

Se puede ver la película a   *One can see the film at any time.*
cualquier hora.
Se pueden ver las películas a   *One can see the films (the films can be*
cualquier hora.   *seen) at any time.*

Ejercicio

Cambie Vd. las frases según el modelo.

MODELO
Ellos dicen que las calles están vacías.
Se dice que las calles están vacías.

1. Ellos miran la televisión todas las noches.
2. Ellos encuentran los animales en el jardín zoológico.
3. Ellos han instalado televisores en las jaulas.
4. Ellas notaron los efectos de mirar la televisión.
5. Ellos perderán el arte de conversar.

Breves Conversaciones en Resumen

Repeat the following questions and answers. After each set, combine your answers into one sentence using the conjunction in parentheses, when it appears. Avoid repetition and disregard words such as **sí** *and* **no**.

MODELO

1. ¿Cómo están las calles?
     Las callas están vacías. (porque)
2. ¿Cuándo se cierran las tiendas?
     Las tiendas se cierran temprano.
3. ¿En qué parte de la ciudad?
     En todos los barrios.
RESUMEN: Las calles están vacías porque las tiendas se cierran temprano en todos los barrios.

A.

1. ¿Dónde no se ve gente?
     No se ve gente en las calles. (porque)
2. ¿Dónde están todos?
     Todos están en casa.
3. ¿Qué están haciendo?
     Están mirando la televisión.
RESUMEN: . . .

B.

1. ¿Quiénes miran la televisión?
   Personas de todas las edades y clases sociales.
2. ¿Qué ven?
   Pueden ver películas si les gusta.
3. ¿Cuándo?
   Todas las noches de la semana.

RESUMEN : . . .

C.

1. ¿Cómo se explican los espectadores?
   Los espectadores se explican de muchas maneras. (y)
2. ¿Qué dicen algunos?
   Hay algunos que dicen que la televisión tiene un efecto calmante. (que)
3. ¿A qué se parece el efecto?
   Se parece al efecto de una droga.

RESUMEN : . . .

D.

1. ¿Quiénes fueron los primeros en notar este efecto?
   Las madres fueron las primeras en notar este efecto.
2. ¿Cuándo lo notaron?
   Cuando vieron que los niños se quedaban tranquilos.
3. ¿Bajo qué condiciones?
   Si estaba puesta la televisión.

RESUMEN : . . .

E.

1. ¿Mira Vd. la televisión a menudo?
   Sí, miro la televisión todas las noches. (pero)
2. ¿Todo el mundo mira la televisión en su casa?
   No, no les gusta a mis padres.
3. ¿Por qué no?
   Porque se dan cuenta de que la televisión es un narcótico.

RESUMEN : . . .

Diálogo II

PEPE: ¿Vieron Vds. la televisión anoche? ¡Qué película magnífica la que presentaron en el Canal[1] cuatro, acerca de la vida en Nueva York!

ANA: No la vi porque estaba mirando el canal cinco. Primero hubo[2] un programa de ballet y luego me interesó mucho una discusión acerca de las razones de la carestía de la vida.[3]

ROBERTO: ¿Cómo pueden Vds. perder el tiempo mirando la televisión? ¿No encuentran otra cosa más útil qué hacer?

ANA: Y ¿tú? Cuéntanos qué hiciste tan importante para criticarnos por mirar televisión.

ROBERTO: Pasé la noche leyendo una novela de Galdós.[4]

PEPE: Con el tiempo que se necesita para leer una novela, se pueden ver diez de ellas representadas en la televisión.

ANA: O ver un concierto o un ballet, o escuchar una conferencia o una discusión sobre lo que pasa hoy día en el mundo.

ROBERTO: Ver una película no es lo mismo que leer el libro en que fue inspirada. Siempre el libro es mejor, porque mientras uno lee tiene la ocasión de reflexionar[5] sobre el pensamiento del autor. Lo que se saca de una película es demasiado superficial.

PEPE: ¿Cómo te atreves[6] a decir esto? La cámara tiene la ventaja[7] de llevarnos al sitio donde tiene lugar la acción y mostrarnos lo que está fuera[8] de los límites de nuestra imaginación. Por medio de la televisión experimentamos[9] cosas que jamás podríamos conocer de otra manera.

ANA: Claro está que el nivel de algunos programas no es muy alto, pero a veces uno quiere descansar.

ROBERTO: Eso es a lo que me refiero. ¿Por qué busca la gente una manera pasiva de distraerse? ¿No vale más participar en un deporte[10] que mirarlo en la televisión, o tener un "hobby" como dicen los norteamericanos, o aun charlar con amigos o con

---

[1] **canal** *m.* channel
[2] **hubo** there was
[3] **carestía de la vida** high cost of living
[4] **Galdós = Benito Pérez Galdós** (*1843–1920*), *outstanding Spanish novelist and dramatist*
[5] **reflexionar** to reflect upon
[6] **atreverse** to dare
[7] **ventaja** advantage
[8] **fuera** outside
[9] **experimentar** to experience
[10] **deporte** *m.* sport

la familia? Se está perdiendo el arte de conversar. ¿Qué hacía la gente <u>antes de que hubiera televisión</u>?

PEPE: A pesar de[11] lo que dices, la gente de hoy participa más en los deportes y tiene más intereses que nunca.

ANA: Muchachos, no vale la pena[12] seguir discutiendo el asunto,[13] ya que en estas cosas nunca se puede llegar a un acuerdo. Como dice el refrán, "<u>cada loco con su tema.</u>"

---

[11] **a pesar de**   in spite of   [12] **valer la pena**   to be worthwhile
[13] **asunto**   matter

Preguntas

1. ¿Cómo pasó Pepe la noche anterior?
2. ¿Qué programa presentaron en el canal cinco?
3. ¿Cómo prefiere Roberto pasar el tiempo?
4. ¿Qué clase de programas culturales hay en la televisión?
5. ¿Por qué es mejor leer una novela que verla en película?
6. ¿Qué ventaja nos ofrece la película sobre la lectura de la novela?
7. Según Roberto, ¿qué otras maneras hay de distraerse además de mirar la televisión?
8. ¿Qué se está perdiendo como resultado de la televisión?
9. ¿Mira Vd. la televisión a menudo? ¿Qué clase de programas le gustan más?
10. ¿Cree Vd. que el nivel de los programas es bastante alto?

Composición

Escriba Vd. un párrafo o dos sobre uno de los siguientes temas o sobre otro aspecto de la televisión.

1. El efecto de la televisión en la vida de la familia moderna.
2. El valor educativo de la televisión.
3. La violencia que se ve en la televisión y sus efectos en el público.
4. Las posibles maneras de elevar el nivel de la televisión.
5. ¿Debe el gobierno subvencionar (*subsidize*) una emisora (*broadcasting station*) de televisión dedicada exclusivamente a programas culturales?

TEMA III

La selección de una carrera

Una de las decisiones más importantes en la vida es la selección de la carrera que uno va a seguir. Este asunto es el que preocupa más a los jóvenes, no sólo por la gravedad del problema, sino porque es una pregunta constante que todo el mundo les hace. Los padres, interesados en el bienestar futuro de sus hijos, quieren saber cuáles 5 son sus aspiraciones. Quieren saber que llegarán a alcanzar algo que tal vez ellos mismos no han podido. También las escuelas exigen que el alumno indique, a edad cada vez más temprana, cuál será su especialización. Es un hecho que los que tienen una idea fija desde pequeños, acerca de lo que quieren ser y siguen un plan de estudios sin cambiar, 10 tienen mejores posibilidades de ingresar en su carrera más temprano y con más facilidad.

Sin embargo, el problema se ha hecho más complejo que nunca. Los jóvenes de hoy tienen ante ellos un horizonte casi sin límites. La mayor parte de la gente hoy día puede enviar a sus hijos a la 15 universidad porque su situación económica se lo permite. Además, ahora el gobierno ofrece mayor número de becas y se han abierto muchas universidades donde la matrícula no cuesta mucho o es completamente gratis. Los bancos conceden préstamos que el estudiante no comienza a pagar hasta que haya terminado sus estudios. 20 Antes, muchos jóvenes capaces no podían asistir a la universidad

porque sus padres no podían pagar la matrícula. En muchos casos, los padres no ganaban lo suficiente para mantener a sus hijos mientras éstos estudiaban. Muy a menudo, los hijos mismos tenían que trabajar para ayudar a sus padres.

5 ¿Cómo escoje uno la carrera que va a seguir? Influyen mucho en esta decisión las industrias que más abundan en la región donde se vive, lo que hacen los padres y parientes, y los contactos con distintas disciplinas en la juventud. La psicología moderna ha elaborado varios tipos de exámenes para determinar las aptitudes del individuo.
10 También existen exámenes de personalidad que descubren la adaptabilidad para ciertas carreras.

La inclinación que uno tiene para una profesión, es un factor muy importante. Por más atractivo que parezca un trabajo, hay en él rutinas que a veces son tediosas, sobre todo si uno no tiene una
15 verdadera vocación o gusto por el trabajo. Hay que tener en cuenta no sólo la aptitud o inclinación para el trabajo que uno va a hacer, sino también la clase de vida que acompaña tal labor. Por ejemplo, se puede tener talento para llegar a ser un gran pianista, pero si a uno no le gusta viajar o si prefiere un horario fijo, no debe escoger esta
20 carrera.

19

Vocabulario

asistir (a) to attend
beca scholarship
bienestar *m.* well-being
capaz capable
elegir to elect, choose
escoger to choose, select
fijo fixed; firm; regular
ganar to win; to earn

horario schedule
influir to influence
ingresar to enter
matrícula registration; **derechos de matrícula** tuition fees
oficio occupation; trade *or* business; function
préstamo loan

Preguntas

1. ¿Cuál es una de las decisiones más importantes que un joven tiene que tomar?
2. ¿Quiénes son los más interesados en saber la decisión del joven?
3. ¿Qué ventajas tiene el decidirse temprano por la carrera que se va a seguir?
4. ¿Por qué es el problema más complejo ahora que antes?
5. ¿Por qué no podían en el pasado asistir a la universidad muchos jóvenes capaces?
6. ¿Qué factores influyen en la selección de una carrera?
7. ¿Qué ha elaborado la psicología para ayudar al joven a determinar su vocación?
8. ¿Por qué debe uno tener en mente el tipo de vida que le gustaría vivir?
9. ¿Qué piensa Vd. hacer en la vida?
10. ¿Cómo ha llegado Vd. a esta decisión?

Apuntes Escogidos

I. The Infinitive as a Verbal Noun

The infinitive is used as the verbal noun. Its function in a sentence may be that of: **a.** the subject; **b.** the object; or **c.** the object of a preposition. Note that this contrasts with English usage in which the gerund (ending in -*ing*) is the verbal noun.

a. Escoger una carrera es a veces
difícil.

*Selecting (to select) a career is some-
times difficult.*

b. Me gusta **trabajar** en una oficina.

I like working (to work) in an office.

c. Tiene la capacidad para **ser** un
gran pianista.

*He has the capability of being (to be)
a great pianist.*

Ejercicio

Cambie Vd. la frase según las indicaciones.

1. Elegir una carrera es difícil.
   (escoger / decidirse por / prepararse para / comenzar)
2. Se debe pensar mucho antes de hablar.
   (escribir / llegar a una conclusión / elegir una carrera / hacer cualquier
   cosa)

II. Lo + Adjective

The neuter article **lo** is used before the masculine singular form of
adjectives and past participles to express "that which is" and is
usually translated by *thing* or *part*.

Lo + adjective is, in effect, a shortened form of **lo que es** + *adjective*.

Lo [que es] importante es recibir
una buena educación.

*The important thing [that which is
important] is to receive a good education.*

Ejercicio

Cambie Vd. la frase según las indicaciones.

1. Lo mejor es no hacer nada.
   (lo peor / lo difícil / lo fácil / lo bueno / lo inteligente)
2. Comenzar una carrera es lo más difícil.
   (lo más importante / lo más interesante / lo menos fácil / lo mejor)

III. Pero, Sino and Sino que

Pero is the word used to translate *but* or *nevertheless*. **Sino** introduces a contrast to a preceding negative statement. It implies *but rather* or *but instead*. **Sino que** is used to introduce a clause which contradicts a preceding negative statement.

Es muy inteligente, **pero** no le gusta estudiar.	*He is very intelligent, but he doesn't like to study.*
No va a ser médico, **sino** abogado.	*He is not going to be a doctor, but (instead) a lawyer.*
No sólo comprende el español, **sino que** lo habla también.	*He not only understands Spanish, <u>but</u> he also speaks it.*

Ejercicio

Cambie Vd. la frase según el modelo.

MODELO
No quiero ser bonita, sino inteligente. (lista)
No quiero ser bonita, sino lista.

1. No quiero ser rico, sino famoso.
   (poderoso / guapo / feliz / hacer algo útil / tener un puesto interesante)
2. No asiste a la escuela, sino que trabaja en una oficina.
   (enseña a algunos alumnos / ayuda a sus padres / juega al fútbol)

IV. Mismo

a. When the adjective **mismo** precedes a noun, it means *same*.
b. When **mismo** comes after a noun, pronoun, or adverb, it reinforces or intensifies the noun, etc. It may be translated into English by *very, right (away), myself, yourself, itself, etc.* Like all adjectives, it agrees with the noun it modifies.

a. Juan y Carlos están en la **misma** clase.	*John and Charles are in the same class.*
b. Ellos **mismos** no saben lo que quieren hacer.	*They themselves don't know what they want to do.*
Aquí **mismo**.	*Right here.*
Ahora **mismo**.	*Right away. (Right now.)*

Ejercicios

Cambie Vd. las frases según los modelos

a. MODELO
Vimos la misma película. (el programa)
Vimos el mismo programa.

Leemos el mismo periódico.
(la revista / los libros / las novelas / el texto)

b. MODELO
Juan mismo escribió la carta. (Carmen)
Carmen misma escribió la carta.

Ahora mismo van a hacer el trabajo.
(hoy / mañana / los alumnos / ellas / nosotros / él)

Breves Conversaciones en Resumen

Repeat the following questions and answers. After each set, combine your answers into one complete sentence using the conjunction in parentheses, when it appears. Avoid repetition and disregard words such as **sí** and **no**.

A.

1. ¿Qué vas a ser?
Voy a ser azafata (*stewardess*).
2. ¿Por qué has decidido ser azafata?
Porque quiero ver el mundo. (y)
3. ¿Es ésa la única razón?
No, también me gustaría la vida que llevan.
RESUMEN: . . .

B.

1. ¿Qué trabajo hace tu hermano?
   Mi hermano es ingeniero.
2. ¿Desde cuándo?
   Desde hace muchos años. (y)
3. ¿Dónde vive?
   Ahora vive en Méjico.

RESUMEN: . . .

C.

1. ¿Trabaja también tu mamá?
   Sí, mi mamá trabaja en el centro. (donde)
2. ¿En qué ramo está?
   Es vendedora de vestidos.
3. ¿Trabaja en una compañía grande?
   Sí, en los Almacenes Florida.

RESUMEN: . . .

D.

1. ¿Le gusta a Vd. su trabajo?
   Sí, me gusta el puesto que tengo. (porque)
2. ¿Hay buenas oportunidades en él?
   Ofrece muchas oportunidades. (y)
3. ¿Lo encuentra Vd. interesante?
   Sí, es un trabajo muy interesante.

RESUMEN: . . .

E.

1. ¿Qué asignaturas le gustan a Vd.?
   Me gustan la historia y el arte.
2. ¿Por qué estas disciplinas?
   Porque se aprende mucho de la vida a través de estas disciplinas. (y)
3. Sí, pero no son prácticas.
   Son importantes para tener una comprensión del mundo.

RESUMEN: . . .

Diálogo III

ROBERTO: ¿Es éste el despacho[1] del Doctor Mejías?

SECRETARIA: Sí, ¿tiene Vd. cita[2] con él?

ROBERTO: Sí, me dijo que viniera a las once.

SECRETARIA: Bueno. ¿Cómo se llama Vd.?

ROBERTO: Roberto Escudero.

SECRETARIA: Bien, siéntese Vd. un momento. Voy a avisar al Dr. Mejías ... (*pausa*) Puede Vd. pasar. Es la primera oficina a la derecha.

ROBERTO: Gracias.

DR. MEJÍAS: Entre Vd. Roberto. Puede sentarse en ese sillón ... (*pausa*) Vd. me decía por teléfono el otro día, que todavía no sabía Vd. qué iba a estudiar. ¿En qué año de la universidad está Vd.?

ROBERTO: Estoy en primer año. Acabo de ingresar, en septiembre.

DR. MEJÍAS: Sin duda Vd. habrá pensado mucho en las distintas carreras. A ver, ¿qué asignaturas[3] le gustan más?

ROBERTO: Me gustan todas menos los idiomas extranjeros.

DR. MEJÍAS: Son muy necesarios. Una persona culta debe hablar más de una lengua y saber algo de la civilización de otros países.

ROBERTO: Eso dice mi profesor de español. A mi me gusta la literatura, pero encuentro la gramática difícil.

DR. MEJÍAS: Bueno, dejemos eso. ¿No ha tenido algún profesor que haya despertado en Vd. interés hacia una carrera determinada, o que le haya notado capacidad para algo en especial?

---

[1] **despacho** office (*of a school, hospital, factory*)

[2] **cita** appointment

[3] **asignatura** subject (*of study*)

ROBERTO: En la escuela secundaria, mi profesora de inglés me decía que escribía bien. Pero, ¿qué se hace con escribir bien?

DR. MEJÍAS: Se pueden hacer muchísimas cosas. Además es necesario expresarse bien en todas las profesiones. ¿No hay en el fondo de su alma algún sueño que le gustaría realizar?

ROBERTO: ¡Oh!, sueños sí, pero nada práctico. Quisiera ser novelista viajar mucho, conocer distintas gentes y no tener que trabajar horas fijas. Pero no me atrevería a confesar esto a mis padres. Creerían que me he vuelto loco o que deseo la vida bohemia.

DR. MEJÍAS: Para ser novelista se necesita mucha auto-disciplina. Hay poco tiempo para juergas.[4]

ROBERTO: ¿Cómo puede llegar uno a ser novelista? ¿De qué vive mientras está escribiendo?

DR. MEJÍAS: Un gran número de novelistas han tenido otras professiones. Pío Baroja[5] fue médico, Miguel Angel Asturias[6] funcionario de gobierno y otros han sido periodistas o maestros, y escribieron sus primeras obras en sus horas libres. Muy a menudo éstas trataban de sus experiencias en el trabajo. Existen también muchas oportunidades en el mundo comercial para el que escribe bien, por ejemplo, en la publicidad o en una casa editora.[7]

ROBERTO: Se lo agradezco mucho, Dr. Mejías. Voy a pensar en lo que Vd. me ha dicho y luego volveré a verle.

DR. MEJÍAS: Adiós Roberto y mucha suerte. Vamos a ver qué decide.

---

[4] **juerga** spree
[5] **Pío Baroja** (1872–1956) Spanish novelist, member of the Generation of 1898.
[6] **Miguel Angel Asturias** (1899–   ) Guatemalan novelist, winner of Nobel Prize in 1967.
[7] **casa editora** publishing house

Preguntas

1. ¿Con quién tiene cita Roberto?
2. ¿Por qué va Roberto a ver al Dr. Mejías?
3. ¿Qué asignaturas le gustan a Roberto? ¿Por qué no le gusta el español?
4. ¿Qué debe saber una persona culta?
5. ¿Quiénes a veces despiertan en los jóvenes el interés por una carrera determinada?
6. ¿Qué talento tiene Roberto? ¿Qué le gustaría ser?
7. ¿Por qué tiene miedo de decirles a sus padres lo que le gustaría ser?
8. ¿Qué se necesita para ser novelista?
9. ¿Qué profesiones han tenido algunos novelistas?
10. ¿Qué asignaturas le gustan a Vd.? ¿Qué le gustaría ser?

Composición

1. Lo que yo quisiera ser y cómo he llegado a tener esta ambición.
2. La clase de vida que espero tener.
3. Algunas de las dificultades que experimentan los jóvenes cuando van a elegir una carrera.
4. ¿De qué manera pueden las escuelas ayudar a los jóvenes a elegir una carrera?
5. ¿Deben las universidades dedicarse más a la preparación de sus alumnos para las distintas profesiones?

De compras

Querida Clara:

Hoy hace tres días que estamos de paseo en Nueva York y visitamos un famoso almacén, en la calle treinta y cuatro. En este momento no recuerdo el nombre. Es uno de los almacenes más grandes del mundo. ¡No te puedes imaginar las cosas que hay en él! ¡Es una maravilla! Es 5 un edificio de siete pisos que ocupa una cuadra entera, desde la calle treinta y cuatro hasta la treinta y cinco y desde la Séptima Avenida hasta la Avenida de las Américas. En el sótano se encuentran gangas de toda clase.

Primero fuimos al departamento de joyas porque quería comprar 10 un reloj para Yolanda, mi cuñada. La empleada nos enseñó varios y escogí uno de marca suiza. Como Yolanda es enfermera, se lo compré con caja impermeable y segundero central. Lo magnífico de este departamento es que venden artículos de todas partes del mundo:

perlas de Mallorca y del Japón, pulseras de España, aretes de Siam, camafeos de Italia y vajillas de plata de Inglaterra. Vimos a una pareja que estaba comprando un anillo de compromiso. ¡Eran tan jóvenes los dos! El novio no tendría más de veinte años, pero se notaba en
5 ellos mucha madurez. La novia estaba muy segura de lo que quería, un brillante solitario que está de moda en este país.

Habíamos oído decir que el departamento de juguetes era un punto de interés turístico en Nueva York, sobre todo en la temporada de Navidad. Así es que subimos a verlo y también a buscar unas
10 cositas para mi nieto. Tomamos la escalera mecánica porque era imposible entrar en los ascensores. ¡Qué gentío! En mi vida he visto tantas personas al mismo tiempo en un edificio. En el departamento de juguetes, el estrépito era ensordecedor. Los niños se empeñaban en sonar todos los timbres de las bicicletas y el que no podía alcanzar
15 uno, lloraba. Las madres gritaban balanceando paquetes con una mano y con la otra tirando a sus hijos de los juguetes que agarraban. Unos niños se habían separado se sus madres y el altoparlante no cesaba de anunciar la descripción de los niños que se buscaban o de los que se acababan de encontrar. Había un joven vendiendo cornetas,
20 que daba en demostrarlas. Sería estudiante porque llevaba barba. Aquí la mayor parte de los muchachos que asisten a la universidad llevan barba. Bueno, yo no sé si este joven tocaba las cornetas para venderlas o para divertirse, pero el resultado era que todos los que compraban las cornetas se metían también a hacerlas sonar.
25 Amiga Clara, ¿qué más te puedo decir? Llegamos a casa tan cansados y con tal dolor de cabeza que no te puedes imaginar. Pero valió la pena ver la tienda. Esto pasa cuando uno viaja. Los que buscan descanso deben quedarse en sus casas.

Saludos para toda la familia. Espero volver en dos semanas y
30 entonces te contaré más acerca de esta fabulosa ciudad. Entretanto te abraza desde Nueva York,

Tu querida amiga,
Concepción

Vocabulario

abrazar to embrace; **abrazo** embrace, hug
altoparlante *m.* loudspeaker
anillo ring
arete *m.* earring
brillante *m.* diamond
camafeo cameo
compromiso engagement
cuadra (*Am.*) block of houses
cuñada sister-in-law
empeñarse (en) to persist (in)
enfermera nurse
ensordecedor deafening
escalera mecánica escalator
estrépito din

ganga bargain
gentío crowd
joya jewel; piece of jewelry
juguete *m.* toy
madurez *f.* maturity
meterse (a) to undertake
pulsera bracelet
segundero central *m.* sweep second-hand
sótano basement
temporada season
timbre *m.* bell
tirar to pull
tocar to touch, play (*an instrument*)
vajilla de plata silverware

Preguntas

1. ¿Cuánto tiempo hace que Concepción está en Nueva York?
2. ¿En qué calle está el almacén que acaba de visitar?
3. ¿Qué compró en el departamento de joyas? Dé una descripción de él.
4. ¿Qué compraban unos jóvenes que ella vió en este departamento?
5. ¿En qué temporada es interesante visitar el departamento de juguetes?
6. ¿Por qué no tomó el ascensor para subir a este departamento?
7. ¿Qué hacían los niños en el departamento de juguetes?
8. ¿Por qué gritaban las madres?
9. ¿Qué hacía un joven para vender cornetas? ¿Qué hacía la gente que las compraba?
10. ¿Cómo se sintió Concepción al llegar a casa?

Apuntes Escogidos

I. Acabar de + Infinitive

Translated literally, the idiom **acabar de** means *to finish doing something*. When conjugated in the present tense, **acabar de** is equivalent to English *have just* + the past participle. In the imperfect it translates *had just* + the past participle.

Acabo de comprar un reloj.	*I have just bought a watch.*
Acababa de comprar un reloj.	*I had just bought a watch.*

Ejercicio

Cambie Vd. la frase usando el modismo **acabar de** *según el modelo.*

a. MODELO
Hoy mismo le escribí una carta.
Acabo de escribirle una carta.

1. Vendió su coche ayer.
2. Visitamos el almacén esta mañana.
3. Vieron la película anoche.
4. Hiciste el trabajo.
5. Vine del centro.

b. MODELO
Había abierto la carta cuando él me vio.
Acababa de abrir la carta cuando él me vio.

1. Ella había puesto la mesa.
2. Habíamos hecho los ejercicios.
3. Habían roto la ventana.
4. Habías escrito en la pizarra.
5. Yo había vuelto de la tienda.

II. Hacer with Expressions of Time

A. Hace, literally *it makes*, is used to express passage of time. This use of **hace** has no exact parallel in English. Though it is incorrect, one might sometimes hear people say, "It makes a week that we are in New York." This is more usually expressed by, *It is a week that we are in New York.* or *We have been in New York for a week.* In Spanish, the expression would be, **Hace una semana que estamos en Nueva York.**

Hace un año que estudiamos el español. | *We have been studying Spanish for one year.* or lit. *It is [makes] a year that we are studying Spanish.*

Ejercicio

Conteste Vd. las siguientes preguntas según el modelo.

MODELO
¿Cuánto tiempo hace que vive Vd. en los Estados Unidos? (cinco años)
Hace cinco años que vivo en los Estados Unidos.

1. ¿Cuánto tiempo hace que asiste Vd. a esta universidad?   (dos años)
2. ¿Cuánto tiempo hace que piensa Vd. hacerse médico?   (diez años)
3. ¿Cuánto tiempo hace que los niños miran la televisión?   (tres horas)
4. ¿Cuánto tiempo hace que ella vende joyas?   (seis meses)
5. ¿Cuánto tiempo hace que usamos este libro?   (cuatro semanas)

NOTE: To express the passage of time in the past, **hacía** would be used instead of **hace.**

Hacía tres días que trabajaba en el coche, cuando lo reparó.	*He had been working on the car for three days when he fixed it.* or lit., *It was [made] three days that he worked on the car when he fixed it.*

Ejercicio

Haga frases nuevas según el modelo.

MODELO
Trabajaba en una oficina antes de hacerse maestro.   (cinco años)
Hacía cinco años que trabajaba en una oficina antes de hacerse maestro.

1. Vendía relojes en un almacén antes de hacerse maestro.   (un año y medio)
2. Llevaban faldas largas cuando lanzaron al mercado el nuevo estilo. (mucho tiempo)
3. Hablábamos con ella cuando nos interrumpieron.   (dos horas)
4. No nos veíamos hasta que nos encontramos un día en la escuela.   (un rato)

B. Hace can also be translated by the word *ago.*

Fueron al mercado **hace** una hora.	*They went to the market an hour ago.*

C. Desde, meaning *since* can be used with **hace** or **hacía** to express the passage of time.

Estamos en Nueva York **desde hace** una semana.	*We have been in New York for one week.* (Lit., *We are in New York since a week ago.*)
Vivían en Argentina **desde hacía** mucho tiempo.	*They had been living in Argentina for a long time.*

Ejercicios

A. *Conteste las siguientes preguntas según el modelo.*

MODELO
¿Desde cuándo tiene Vd. ese coche? (un año)
Tengo este coche desde hace un año.

1. ¿Desde cuándo estudia Vd. el español? (dos años)
2. ¿Desde cuándo quiere Juan hacerse ingeniero? (mucho tiempo)
3. ¿Desde cuándo esperamos el tren? (media hora)
4. ¿Desde cuándo llevan falda corta? (varios años)

B. *Sustituya Vd. el período de tiempo entre paréntesis por la fecha indicada.*

MODELO
Las colonias eran de Inglaterra desde 1607. (dos siglos)
Las colonias eran de Inglaterra desde hacía dos siglos.

1. Roma había sido una república desde 500 años antes de Cristo. (tres siglos)
2. Los moros ocupaban el país desde el año 711. (500 años)
3. Nos conocíamos desde enero. (ocho meses)
4. Yo sabía lo que quería ser desde niño. (mucho tiempo)

III. Superlatives

A superlative singles out one person, thing, or group from others in the same category as having the most or the least of a certain quality. The person, thing or group is mentioned first, then the quality that distinguishes it, and finally the category. The formula is as follows:
Definite article + noun + **más** or **menos** + adjective + **de** + category

el almacén **más grande de** la ciudad — *the largest department store in the city*

la casa **menos cómoda de** la calle — *the least comfortable house on the street*

Ejercicio

Cambie Vd. al superlativo según el modelo.

MODELO
Carmen es una muchacha simpática en mi clase.
Carmen es la muchacha más simpática de mi clase.

1. Juan y Carlos son dos muchachos inteligentes en la escuela.
2. Barcelona es una ciudad industrial en España.
3. Es una tienda famosa en la Quinta Avenida.
4. Los Andes son unas montañas altas en la América del Sur.
5. El Amazonas es un río largo en el hemisferio occidental.

IV. Tal, Tan, and Tanto

A. Tal is an adjective used before a noun to express *such a;* the plural **tales** is translated by *such.*

Tal cosa es imposible.   *Such a thing is impossible.*
No se deben leer **tales** novelas.   *One shouldn't read such novels.*

B. Tan is an adverb meaning *so.* When used to intensify an adjective it can also be translated by *such a.*

Esa pulsera es **tan** bonita.   *That bracelet is so pretty.*
Es una pulsera **tan** bonita.   *It is such a pretty bracelet.*

NOTE: **Tan** can never be used before **mucho.**

C. Tanto *so much*; **tantos** *so many*.

El profesor nos da **tanto** trabajo.   *The teacher gives us so much work.*
No puedo leer **tantos** libros.   *I can't read so many books.*

Ejercicios

Cambie Vd. la frase según el modelo.

a. MODELO
Yo no compraría ciertos juguetes.
Yo no compraría tales juguetes.

1. No pagaría este precio.
2. La tienda no vende algunas cosas.
3. No quiero otra pulsera.
4. Ciertas joyas son preciosas.

    b. MODELO
        El almacén es muy grande.
        El almacén es tan grande.

1. El estrépito es muy ensordecedor.
2. Los novios son muy jóvenes.
3. Juan es muy maduro.
4. La novia es muy bonita.

    c. MODELO
        El anillo cuesta mucho dinero.
        El anillo cuesta tanto dinero.

1. Hay que caminar unas cuadras.
2. Tenemos muchos problemas.
3. Hay muchas gangas en el sótano.
4. Hay mucha gente en el ascensor.

Breves Conversaciones en Resumen

Repeat the following questions and answers. After each set, combine the answers into one complete sentence using the conjunction in parentheses when it appears.

A.

1. ¿Vas al centro hoy?
    Sí, voy al almacén Santa Fé.
2. ¿Qué vas a comprar?
    Voy a comprar un tocadiscos (*record player*). (porque)
3. ¿Los venden muy caros?
    No, los venden muy baratos.
RESUMEN: . . .

B.

1. ¿Cuánto pagaste por este televisor?
Pagué $350 por este televisor. (pero)
2. ¿Lo compraste al contado (*cash*)?
No, lo compré a plazos (*on installments*). (y)
3. ¿Cuánto son los pagos mensuales?
Los pagos mensuales son sólo $30.
RESUMEN: . . .

C.

1. Tiene Vd. muebles muy bonitos. ¿Le costaron mucho?
No, compré los muebles al por mayor (*wholesale*). (y)
2. ¿Cuánto cobran por un juego de dormitorio al por mayor?
El juego de dormitorio me costó sólo $250. (lo cual)
3. Barato, ¿verdad?
Sí, fue una verdadera ganga.
RESUMEN: . . .

D.

1. Buenos días, señora. ¿En qué puedo servirle?
Necesito un par de zapatos. (y)
2. ¡Cómo no! ¿Vio Vd. los estilos que tenemos en el escaparate (*window*)?
Sí, me gustan esos azules.
3. ¿Cuáles?
Esos de la derecha en el escaparate.
RESUMEN: . . .

E.

1. Buenos días, señor. ¿En qué puedo servirle?
Quisiera comprar una maleta.
2. ¿De cuero o de plástico?
De cuero, por favor. (y)
3. Muy bien. ¿Desea Vd. algo más?
Sí, también necesito una cartera (*wallet*).
RESUMEN: . . .

Diálogo IV

ANA: (*Suena el teléfono*) Diga . . . . ¿Eres tú, Pepe?

PEPE: Sí, soy yo, mi amor. ¿Cómo estás esta noche?

ANA: Muy bien, ¿y tú?

PEPE: Bastante bien. ¡Qué calor, eh!

ANA: Lo encuentro insoportable. Hoy la temperatura llegó a 37 grados.[1]

PEPE: ¿Te gustaría ir a la playa conmigo el sábado? Roberto y Magdalena van también.

ANA: Me gustaría mucho ir, pero desafortunadamente tengo que ir de compras.[2]

PEPE: ¿No me dijiste que fuiste la semana pasada?

ANA: Sí, pero no pude hallar lo que quería. Compré un traje de baño, pero necesito muchas cosas más.

PEPE: Las mujeres siempre encuentran que tienen que comprar algo. Ésta es la razón por la cual las tiendas están llenas de mujeres casi todo el tiempo. Creo que la economía se estancaría,[3] si no fuera por las mujeres.

ANA: ¡No digas tonterías[4], Pepe! Tú sabes muy bien que acabamos de mudarnos de casa y hay que comprar mil cosas para arreglarla[5] bien. Para mi alcoba necesito cortinas, una lámpara, alfombra,[6] sobrecama,[7] y quién sabe qué más.

---

[1] **37° centígrado** = 98.6° Fahrenheit
[2] **ir de compras** to go shopping
[3] **estancarse** to stagnate
[4] **tonterías** nonsense
[5] **arreglar** to arrange, fix up
[6] **alfombra** rug, carpet
[7] **sobrecama** coverlet, bedspread

PEPE: Pero mi amor, si nos vamos a casar dentro de dos años, en cuanto yo termine mis estudios, ¿por qué gastar tanto dinero?

ANA: ¿Y qué hago hasta entonces? ¿Dejar las ventanas y el piso desnudos?

PEPE: Bueno, si insistes en ir, te acompaño. Además, necesito cubreasientos[8] para el coche.

ANA: Tú con tu coche. Hace un mes, ¿no gastaste cincuenta pesos para repararlo?

PEPE: Sí, porque los frenos[9] no estaban funcionando bien y tenía dificultad con el arranque.[10]

ANA: Claro, lo que yo sé es que siempre estás gastando dinero en ese coche. Si piensas casarte, hay que comenzar a ahorrar[11] dinero.

PEPE: Es muy temprano para que te preocupes tanto por el dinero. Te veo el sábado a mediodía. Iremos primero al centro y si no encontramos lo que buscamos, nos reuniremos con[12] Roberto y Magdalena en la playa.

ANA: Muy bien. Esa es una buena idea. Te espero a la entrada de mi edificio. Hasta el sábado.

PEPE: Hasta el sábado, mi vida.

---

[8] **cubreasiento** seatcover
[9] **freno** brake
[10] **arranque** *m.* starter
[11] **ahorrar** to save
[12] **reunirse (con)** to meet, get together

Preguntas

1. Cuando la temperatura llega a 37° centígrado, ¿qué tiempo hace?
2. ¿Dónde quiere ir Pepe con Ana?
3. ¿Por qué no puede Ana acompañarle?
4. ¿Qué se compró Ana la semana pasada? ¿Qué otras cosas necesita comprar?
5. ¿Por qué necesita comprar cortinas, lámparas y otras cosas para su alcoba?
6. ¿Por qué no debe gastar mucho dinero en estas cosas, según Pepe?
7. ¿Qué piensa comprar Pepe para su coche?
8. ¿Qué tuvo que reparar Pepe el mes pasado?
9. ¿Por qué deben ahorrar dinero Pepe y Ana?
10. ¿Quién es más maduro, Pepe o Ana? ¿Por qué dice Vd. eso?

Composición

1. La compra más importante que yo he hecho en mi vida.
2. Algunas cosas que yo compraría si tuviera dinero.
3. El efecto de la propaganda en las decisiones de los consumidores.
4. ¿Quién compra más, la mujer que trabaja o el ama de casa?
5. ¿Dónde prefiere Vd. hacer sus compras, en tiendas pequeñas o en almacenes? ¿Por qué?

TEMA V

Una huelga*

El Presidente de la Unión de Basureros fue sentenciado ayer a quince días de cárcel y a pagar $2,500 de multa por desacato a la orden del Tribunal para que terminara la huelga de colectores de basura. Funcionarios municipales se reunieron esta mañana para adoptar
5 medidas de urgencia, incluyendo la ayuda de las tropas de la Guardia Nacional, para limpiar la basura amontonada en las calles.

Los dirigentes del Sindicato de Obreros de Sanidad convinieron, durante una breve y bulliciosa sesión, en recoger la basura de los colegios, hospitales y otros centros a fin de aliviar las condiciones
10 caóticas. Juan Delgado, jefe de la Asociación de los Obreros dijo que se accedía a la solicitud hecha por el gobernador del Estado, porque los obreros reconocen su responsabilidad ante el público. Delgado ordenó a sus miembros que recogieran la basura en esas instituciones sin compensación alguna.

15 El Alcalde pidió, sin embargo, a la Comisión Estatal de la Defensa Civil que preparasen planes de emergencia para afrontar la amenaza a la salud, suscitada por la huelga que lleva ya cinco días. Ha cancelado todas sus entrevistas a fin de concentrarse en las medidas enérgicas que deberá tomar para liberar a la ciudad del peligro de una epidemia.

20 Los choferes de ambulancias han desafiado las órdenes del Alcalde de recoger la basura en camiones del Departamento de Sanidad. Los dirigentes de la Unión de Empleados de Hospitales dijeron que los hombres rehusaron que se les usara como rompehuelgas.

No se sabe todavía si la sentencia precipitará el regreso al trabajo
25 entre los 10,000 miembros de la Asociación de Empleados del Departamento de Sanidad. Los obreros se declararon en huelga el viernes

---

* Adaptado de *El Diario-La Prensa*, Nueva York, 7 de febrero de 1968.

pasado en desafío de la ley estatal que prohibe huelgas de empleados municipales. El jefe de este sindicato ha rogado a los residentes de la ciudad que se den cuenta del problema de los trabajadores, que solamente desean obtener una paga decente por su trabajo.

La abierta rebelión contra el Gobierno Municipal de la ciudad fue 5 calificada de extorsión y chantaje por el juez Alfonso Robles, del Tribunal Supremo. Los huelguistas no sólo han desafiado la orden de esta corte a volver a sus labores, sino que también han boicoteado los esfuerzos de mediación de la Oficina Municipal de Negociaciones.

Vocabulario

amenaza threat, menace
amontonar to pile up
ayuda aid, help
basura garbage; **basurero** garbage collector
bulliciosa boisterous, noisy
cárcel *f.* prison
convenir (en) to agree (to)
chantaje *m.* blackmail
chofer *m.* driver, chauffeur
desacato disregard; contempt (*legal*)
desafiar to defy; to challenge

dirigir to direct
entrevista interview, meeting
esfuerzo effort
huelga strike; **declararse en huelga** to go on strike
medida measure
multa fine
obrero worker
peligro danger
recoger to pick up, gather
regreso return
rompehuelgas *m.* strikebreaker

suscitar to originate; to raise

Preguntas

1. ¿Por qué fue encarcelado el presidente del Sindicato de Basureros?
2. ¿Cuánto tendrá que pagar de multa?
3. ¿Qué le había ordenado el Tribunal?
4. ¿Cómo puede esta situación amenazar la salud de los residentes de la ciudad?
5. ¿Qué medidas de emergencia fueron sugeridas por los funcionarios municipales?
6. ¿Qué harán los basureros para aliviar las condiciones caóticas? ¿En qué clase de instituciones?
7. ¿Cuánto tiempo hace que los obreros están en huelga?

8. ¿Por qué han rehusado los choferes de ambulancias recoger la basura de los hospitales?
9. ¿Qué ha hecho el alcalde para afrontar la emergencia?
10. ¿Qué piensa el juez, Alfonso Robles, de la acción de los huelguistas?

Apuntes Escogidos

I. Llevar with Expressions of Time

Llevar, used in the present or imperfect and followed by a time expression, states how long an action has or had been going on.

La huelga **lleva** ya cinco días.	*The strike has already been going on for five days.*
Llevamos tres años en este país.	*We have been in this country for three years.*
Llevaban dos años estudiando el español.	*They had been studying Spanish for two years.*

Note the use of the present participle to express an action that had been going on.

Ejercicio

Cambie las siguientes frases según el modelo.

MODELO
Hace seis meses que trabaja en el Almacén Gómez.
Lleva seis meses trabajando en el Almacén Gómez.

1. Hace un año que asisto a la universidad.
2. Hace una hora que miramos la televisión.
3. Hace media hora que esperan al médico.
4. Hacía siete siglos que los moros vivían en España.
5. Hacía una semana que el alcalde buscaba una solución al problema.

In negative statements, the construction **sin** + *infinitive* is used instead of the present participle.

Llevo dos noches **sin dormir.**	*I haven't slept for two nights.*

Ejercicio

Cambie las siguientes frases según el modelo.

MODELO
Hace mucho tiempo que no nos vemos.
Llevamos mucho tiempo sin vernos.

1. Hace un semestre que no recibo carta de mi novio.
2. Hace cinco años que no viajamos a España.
3. Hace cinco días que los obreros no trabajan.
4. Hace una semana que no recogen la basura.

II. Ser + Past Participle to Express the Passive

Contrast the difference in construction in the following sentences:

ACTIVE VOICE
The students read the lesson.

PASSIVE VOICE
The lesson was read by the students.

In the active voice, *the lesson* is the object, the recipient of the action. In the passive voice, the recipient of the action *the lesson* becomes the subject of the sentence. **Ser** is used with the past participle to form the passive voice in Spanish. In such sentences, the past participle retains its adjectival quality and agrees with the subject in gender and number.

Los alumnos **leyeron** la lección. La lección **fue leída** por los alumnos.

Note the difference between the passive voice and the use of **estar** + *past participle* to express the result of an action (*see* TEMA II). The following examples summarize the three constructions.

ACTIVE VOICE
Juan **escribirá** los ejercicios.   *John will write the exercises.*

PASSIVE VOICE
Los ejercicios **serán escritos** por Juan.   *The exercises will be written by John.*

RESULTANT STATE
Los ejercicios **estarán** bien **escritos** (porque Juan los escribirá *o* porque serán escritos por Juan).   *The exercises will be well written (because John will write them or because they will be written by John).*

Ejercicio

Cambie las siguientes frases de la voz activa a la pasiva.

MODELO
El juez sentenció al jefe del sindicato a quince días de carcel.
El jefe del sindicato fue sentenciado por el juez a quince días de cárcel.

1. Los choferes no recogerán la basura.
2. La ley prohibe huelgas de empleados municipales.
3. Los obreros boicotearon los esfuerzos de mediación.
4. La Comisión ha preparado planes de emergencia.
5. Juan Delgado dijo que los basureros aliviarían las condiciones urgentes.

NOTE: **Ser** + *past participle* can be used to express the passive, even when the agent or performer of the action is not mentioned.

Declararon una huelga.
Una huelga **fue declarada.**

Ejercicio

Cambie a la voz pasiva.

1. Vendieron la tienda.
2. Olvidarán la gramática.
3. Compran muchos libros.
4. Han puesto la mesa.
5. Habían desafiado la ley.

III. Simple Tenses of the Subjunctive

It should be borne in mind that in Spanish the subjunctive is a mood and not simply another tense. It conveys a sense of uncertainty; it states what action may or may not take place or have taken place. The indicative, on the other hand, "indicates" what action took place, is taking place, or will take place. A main clause which suggests the uncertainty of the action in the dependent clause will require the use of the subjunctive in the dependent clause.

Es posible que **vuelvan** al tra-   *It is possible that they may return to*
bajo.   *work.*

NOTE: In the clause *they may return to work* there is no indication that they are definitely returning to work. The sense of uncertainty expressed by the subjunctive may not be so apparent in English, because the same Spanish sentence may be translated by "It is possible that they will return to work." In Spanish the distinction between definite actions and uncertain actions is always clearly maintained by the use of either the indicative or subjunctive moods. There are many types of expressions which must be followed by the subjunctive, but fundamentally such expressions all suggest the uncertainty of the action of the verb in the dependent clause.

A. The Present Subjunctive

The present subjunctive is used to express an action that may take place now or in the future. The verb in the main clause which necessitates the present subjunctive in the dependent clause will usually be in the indicative present, the future, the present perfect or in the imperative. The present subjunctive may also be used after implied commands in the past.

Será necesario que **vengan** hoy.	*It will be necessary for them to come today.*
Dudo que **recojan** la basura mañana.	*I doubt they will pick up the garbage tomorrow.*
El juez ha mandado (mandó) que **terminen** la huelga.	*The judge ordered that they end the strike.*

NOTE: Though the imperfect subjunctive (**terminaran**) would be preferred after the preterite, the present subjunctive is sometimes used to emphasize the action that is to be performed in the present or the future.

B. The Imperfect Subjunctive

When the verb in the main clause is in the conditional or in any of the past tenses, the imperfect subjunctive is used in the dependent clause to express an action that might take place at the same time as the action in the main clause or subsequent to it.

Mis padres querían que me **hiciera** médico.	*My parents wanted me to become a doctor.*
El jefe dijo que **volviéramos** hoy.	*The boss said we should return today.* (*The boss told us to return today.*)
Era posible que **llamaran** a las tropas de la Guardia Nacional.	*It was possible that they would call in troops of the National Guard.*
Dudaría que **fuera** verdad.	*I would doubt that it were true.*

Ejercicio

Cambie Vd. la frase según las indicaciones.

1. Quieren que vayamos temprano.
   (tengamos cuidado / volvamos mañana / les compremos juguetes / digamos la verdad / hagamos el trabajo)
2. Insistimos en que el nuevo empleado sepa el español.
   (tú vengas a la fiesta / Ana baile con Pepe / los jefes nos den un aumento / él salga del cuarto / Vd. no sirva café)
3. Ellos dudaban que fuéramos norteamericanos.
   (hiciéramos el trabajo / tuviéramos el dinero / pudiéramos hacerlo / les ayudáramos / nos diéramos cuenta de la verdad)
4. Yo te dije que vinieras temprano.
   (les ... hicieran los ejercicios / le ... fuera a ver la película / te ... supieras los verbos / le ... me diera el libro / les ... estudiaran más)

Breves Conversaciones en Resumen

Repeat the following questions and answers. After each set, combine the answers into one complete sentence using the conjunction or preposition in parentheses when it appears.

A.

1. ¿Qué pasa? No pude comprar el periódico esta mañana.
   Los periódicos están en huelga.
2. ¿Es verdad? ¿Desde cuándo?
   Desde hace dos días.
3. ¿Por qué están en huelga?
   Porque los obreros quieren un aumento.

RESUMEN: . . .

B.

1. ¿Qué le sucedió a Juan?

Juan fue despedido (*fired*) de su trabajo.

2. ¿Quién le despidió?

Fue despedido por el jefe.

3. ¿Por qué?

Porque llegaba tarde todos los días.

RESUMEN: . . .

C.

1. ¿Cuánto tiempo hace que esperas el tren?

Hace media hora que espero el tren. (que)

2. ¿A qué hora debe llegar?

Debía llegar a las tres. (pero)

3. ¿Por qué viene tan atrasado (*late*)?

Hay una huelga de conductores.

RESUMEN: . . .

D.

1. ¿Qué compraste en el supermercado?

Compré toda la carne que pude.

2. ¿Tanta carne? ¿Por qué?

Porque es posible que haya una huelga. (de)

3. ¿Quiénes van a declararse en huelga?

Los carniceros.

RESUMEN: . . .

E.

1. ¿Cómo es que estás en casa hoy?

Dejé mi puesto.

2. ¿Cuándo?

La semana pasada.

3. ¿Por qué?

Porque el jefe quería que trabajara los domingos.

RESUMEN: . . .

Diálogo V

ROBERTO: Hola, Pepe. ¿Qué tal? ¿Cómo llegaste a la escuela esta mañana?

PEPE: Menos mal[1] que no vivo muy lejos. Vine en bicicleta.

ROBERTO: Eso de[2] la huelga de los choferes de los autobuses está paralizando la ciudad. Mi papá tardó[3] dos horas en llegar a casa anoche. Tuvo que andar milla y media, desde la estación del subterráneo.[4]

PEPE: ¿Por qué se han declarado en huelga los obreros?

ROBERTO: Como siempre, piden más dinero y menos horas de trabajo.

PEPE: La verdad es que, con el tráfico de la ciudad, tienen un trabajo que agota los nervios. Yo no lo quisiera hacer ni por el doble de lo que reciben.

ROBERTO: Sí, pero no hay que estorbar a todo el mundo para recibir un aumento.[5]

PEPE: El alcalde debe intervenir en el asunto. Debe establecer un comité de mediación entre el sindicato y la línea de transportes.

ROBERTO: El hecho es que los dirigentes de la Unión dicen que boicotearían cualquier esfuerzo de mediación. Están completamente fuera de[6] la ley. Las huelgas de empleados municipales son prohibidas.

PEPE: Aunque sea molesto, yo creo que los empleados municipales tienen el derecho de declararse en huelga.

---

[1] **menos mal** thank goodness
[2] **eso de** that matter of
[3] **tardar (en)** to delay (in)
[4] **subterráneo** subway
[5] **aumento** increase (*in salary*)
[6] **fuera de** outside

ROBERTO: ¡No sabes lo que dices! El gobierno provee servicios esenciales, que no pueden correr el riesgo[7] de ser interrumpidos.

PEPE: ¿Es el servicio de los choferes de autobuses más esencial que, por ejemplo, el servicio de los choferes de camiones que traen comestibles[8] a la ciudad? Éstos tienen el derecho de declararse en huelga. La economía moderna está organizada de tal manera que su funcionamiento es interdependiente. La labor de la industria que nos parezca más insignificante afecta nuestras vidas en una forma inimaginable.

ROBERTO: Es verdad. Por eso los obreros deben reconocer sus responsabilidades ante el público. No ganan nuestra simpatía cuando abandonan sus trabajos y nos privan[9] de sus servicios.

PEPE: Pero, a veces, la huelga es su único recurso[10] para hacer a los patrones y al público en general conscientes de sus problemas.

ROBERTO: No debe ser así. Hay que encontrar otros medios de resolver las diferencias entre la gerencia[11] y los sindicatos.

PEPE: Tienes razón, porque en fin, nadie gana cuando hay huelgas.

---

[7] **correr el riesgo** to run the risk
[8] **comestibles** *m.* food
[9] **privar (de)** to deprive (of)
[10] **recurso** recourse
[11] **gerencia** management

Preguntas

1. ¿Cómo llegó Pepe a la escuela?
2. ¿Por qué tuvo que venir en bicicleta?
3. ¿Cuánto tiempo tardó el padre de Roberto en llegar a la casa?
4. ¿Qué piden los obreros?
5. ¿Qué debe hacer el alcalde para aliviar la situación?
6. ¿Por qué están fuera de la ley las acciones del sindicato?
7. ¿Qué es lo que los empleados municipales no tienen derecho a hacer?
8. ¿Qué servicio es más importante, el de los choferes de autobuses o el de los choferes de camiones?
9. ¿Qué deben reconocer los obreros?
10. ¿Quién gana cuando hay huelga?

Composición

1. Mis experiencias durante la huelga de . . . .
2. Los empleados municipales (no) deben tener derecho a declararse en huelga porque . . .
3. La interdependencia del capital y el obrero.
4. Los efectos de las huelgas en los consumidores.
5. Otros recursos que podrían emplear los sindicatos en vez de declararse en huelga.

TEMA VI

La mujer emancipada

<u>Hoy en día</u> se oye hablar mucho de la mujer emancipada y de sus derechos. Nuestra sociedad está cambiando como resultado de la emancipación de la mujer. En países donde es más reciente la presencia de la mujer en las distintas profesiones, existe todavía cierta
5 resistencia a la aceptación de la nueva independencia de las mujeres.

Pero el estado de ser emancipado presupone un previo estado de esclavitud. Es posible que la mujer haya sido dependiente del hombre como lo es todavía cuando no trabaja, pero esclava, nunca. Ninguna sociedad que ha existido en el mundo ha tenido la práctica de escla-
10 vizar a sus mujeres. Cuando ha habido esclavas, éstas eran, por lo general de raza o de nacionalidad extranjera, como por ejemplo las hebreas en el antiguo Egipto, o las esclavas en el Imperio Bizantino, o las negras e indias en las Américas.

Toda sociedad ha dependido de la mujer, primero por su función
15 biológica de fundar un hogar y criar una familia y luego por el papel que ha <u>desempeñado</u> en la economía de su nación. En la literatura de la Edad Media, aparece con frecuencia la labradora, la cual solía trabajar la tierra al lado de los hombres, y la pastora que cuidaba <u>rebaños</u> de ovejas. En muchos cuadros del siglo XVII y XVIII, sobre
20 todo en Holanda, se ve a la buena esposa burguesa trabajando en la tienda con su marido y llevando las cuentas por él. La doctora de hoy sirve la sociedad <u>en</u> la misma manera que la comadre o curandera de los tiempos antiguos, o de las sociedades primitivas.

No, el hecho de que la mujer de hoy trabaje y gane dinero, no es
25 nada nuevo. La diferencia es, tal vez, que trabaja fuera de casa y que

53

también, en muchos casos, ocupa puestos tradicionalmente reservados a los hombres. Pero hay que tomar en cuenta que eso es resultado del desarrollo inevitable de la economía moderna. Si un país no se aprovecha de la productividad potencial de sus mujeres, pierde gran parte de su fuerza de trabajo. 5

Muchas familias se han dado cuenta de este hecho económico y por consiguiente, muchas madres han salido a trabajar. Como tienen que pasar la mayor parte del día en la oficina o en la fábrica, a veces no pueden cuidar el hogar como antes. La mujer llega a casa tarde, cansada, y ahora el marido tiene que ayudarle en las tareas domésticas. 10 Algunos hombres no están acostumbrados o dispuestos a eso y ahí comienzan los conflictos, sobre los derechos del hombre y los de la mujer. En algunos casos, los niños quedan sin vigilar y se reúnen en bandas de delincuentes. Pero esto puede ocurrir también, cuando la madre lleva una vida demasiado social. 15

El problema de la mujer moderna (sobre todo de la que se ha preparado para una carrera) es el de la coordinación de su vida profesional con su deseo de ser madre y ama de casa.

Vocabulario

ama mistress of the house, housewife
aprovecharse (de) to make use of, take advantage of
comadre *f.* midwife
criar to bring up
cuidar to look after, take care of
curandera healer
desarrollo development
desempeñar to perform
dispuesto (*irreg. p.p. of* **disponer**) ready; willing; disposed
esclavitud *f.* slavery; **esclavo** slave
eslavo Slav; Slavic
esposa wife; **esposo** husband
extranjero foreign

fábrica factory
fundar to found
hogar *m.* home
hoy (en) día nowadays
labrador *m.* farmer, peasant
mano de obra *f.* labor force, manpower
marido husband
mayor greater; older
oveja sheep
papel *m.* paper; role
presuponer to presuppose
rebaño flock, herd
soler to be in the habit of
tarea task
vigilar to watch, look out for

Preguntas

1. ¿Qué ha causado cambios en nuestra sociedad?
2. ¿Qué condiciones previas presupone la emancipación?
3. ¿Quiénes eran esclavas en el Egipto antiguo? ¿En el Imperio Bizantino?
4. ¿La sociedad ha dependido de la mujer para qué funciones?
5. ¿Qué trabajos hacían muchas mujeres que aparecen en la literatura?
6. ¿Cómo ayudaba a su esposo la mujer burguesa?
7. ¿Qué diferencias hay entre el trabajo de la mujer moderna y el de la mujer en otras épocas?
8. ¿Por qué debe un país aprovecharse de la mano de obra femenina?
9. ¿Qué les piden a sus maridos algunas mujeres que trabajan?
10. ¿Cuál es el problema de la mujer moderna?

Apuntes Escogidos

I. Soler + Infinitive

Habitual action can be expressed in Spanish by the present or the imperfect of **soler** (*to be in the habit of, be accustomed to*) followed by the infinitive.

La mujer moderna **suele ser** independiente.	*The modern woman is accustomed to being independent.*
Las labradoras **solían trabajar** la tierra al lado de los hombres.	*Farm women were in the habit of working the fields next to the men.*

Ejercicio

Cambie Vd. la frase según el modelo.

a. MODELO
   De ordinario, yo me levanto tarde.
   Suelo levantarme tarde.

1. En general, los jóvenes son rebeldes.
2. De ordinario, escribimos los ejercicios.
3. Ella, por lo general, se viste bien.
4. Por lo común nos acostamos temprano.
5. De ordinario, yo voy de compras los sábados.

b. MODELO
Yo lavaba el coche los domingos.
Solía lavar el coche los domingos.

1. Las madres se quedaban en casa para cuidar a los niños.
2. Esperaba a mi hermana para que me llevara a casa.
3. Antes de asistir a la universidad, miraba la televisión por la noche.
4. En verano nos levantábamos tarde.
5. Tú me llamabas todas las noches.

II. The Use of haber to Denote Existence

The verb **haber** meaning *to have* is normally used as an auxiliary verb in the formation of compound tenses. (**He comido.** *I have eaten.*, etc.) **Haber** can be used impersonally to denote the existence of an indefinite someone or something. In the present indicative, **hay** (**ha + y**) is used instead of **ha.** In other tenses, the third person singular is used.

Hay almacenes en la Quinta Avenida.	*There are (there you have) department stores on Fifth Avenue.*
Va a **haber** un examen mañana.	*There is going to be an examination tomorrow.*
Ha habido muchas mujeres distinguidas.	*There have been many distinguished women.*
Es posible que **haya** una huelga.	*It is possible that there will be a strike.*

Ejercicio

Cambie Vd. las siguientes frases según el modelo. (Note que el cambio de algo en particular a algo en general exige el uso del artículo indefinido.)

MODELO
Allí está la escuela.
Allí hay una escuela.

1. El libro estará en la biblioteca.
2. Muchos alumnos estaban en la clase.
3. Tuvimos un examen ayer.
4. Vamos a tener una conferencia interesante.
5. Hemos tenido mucho progreso.

6. Es necesario que sea un buen texto.
7. Era posible que tuvieran problemas.
8. La chica está en la clase.
9. El mapa estaba en la pared.
10. La pluma estará en la mesa.

III. Compound Tenses of the Subjunctive

The compound tenses of the subjunctive reflect doubt as to whether an action has or had taken place.

A. The present perfect subjunctive is used when the uncertain action in the dependent clause may have taken place prior to the action in the main clause, whose verb may be in the present indicative, the future, or the present perfect indicative.

Dudo que las mujeres **hayan sido** jamás esclavas de sus maridos.

I doubt that women have ever been slaves of their husbands.

Nunca he creído que **hayan sido** tan sumisas.

I have never believed that they have been so submissive.

¿Será posible que las mujeres **hayan dejado** a los hombres creer que son superiores?

Could it be possible that women have allowed men to think that they are superior?

B. The pluperfect subjunctive is used when the uncertain action in the dependent clause might have taken place prior to a past action in the main clause. The same would hold true, if the verb in the main clause were in the conditional.

Los hombres esperaban que las mujeres **hubieran criado** bien a sus hijos.

The men used to expect that the women had brought up their children well.

Nadie creería que su vida **hubiera sido** tan complicada.

Nobody would believe that their life had been so complicated.

Ejercicio

Haga frases completas empleando el subjuntivo según el modelo.

a. MODELO
Juan escribió la carta. (Dudo que)
Dudo que Juan haya escrito la carta.

1. Los obreros se declararon en huelga. (Es posible que)
2. Le compraron una bicicleta. (Rosita se alegra de que)
3. Los alumnos hicieron su tarea. (El profesor espera que)
4. Volvimos tarde de la tienda. (Lo siento mucho que)
5. Te lavaste las manos. (Tu mamá no servirá la comida hasta que)

b. MODELO
Los niños le rompieron la ventana. (Le molestaba que)
Le molestaba que los niños le hubieran roto la ventana.

1. Las madres tenían que trabajar mucho. (Fue una lástima que)
2. El tren llegó a la estación. (Nos despedimos antes de que)
3. Las mujeres hacían trabajos de hombre. (El autor negó que)
4. Nosotros le dijimos la verdad. (Su esposa no estaba contenta de que)
5. Carmen se preocupaba por los pequeños detalles. (Ojalá que)

Breves Conversaciones en Resumen

A.

1. ¿Cuál es la reacción de algunos a la mujer emancipada?
   Algunos critican la emancipación de la mujer.
2. ¿Por qué?
   Porque tienen miedo.
3. ¿Miedo de qué?
   De su efecto en la sociedad.
RESUMEN: . . .

B.

1. ¿Qué hacen muchas mujeres hoy día?
   La mayor parte de las mujeres trabajan.
2. ¿Dónde trabajan?
   Fuera de casa. (y)
3. ¿Cuál es el efecto en la familia?
   Los hombres tienen que ayudarles en las tareas domésticas.
RESUMEN: . . .

C.

1. ¿Quién era antes el jefe de la familia?
   Antes el hombre era el jefe de la familia. (pero)
2. ¿No lo es hoy?
   Hoy día no lo es siempre.
3. ¿Por qué no?
   Porque las mujeres trabajan y son independientes.
RESUMEN: . . .

D.

1. ¿No han trabajado siempre las mujeres?
   Sí, las mujeres siempre han trabajado. (pero)
2. ¿En qué son diferentes las mujeres de hoy?
   Hoy trabajan fuera de casa. (y)
3. ¿Es ésta la única diferencia?
   No, también ocupan puestos tradicionalmente reservados a los
   hombres.
RESUMEN: . . .

E.

1. Las mujeres deben estar contentas con su nueva independencia.
   Sí, pero la independencia también tiene sus problemas. (como)
2. ¿Cuál es su problema?
   Es el de coordinar la profesión con el deseo de criar los niños.
3. ¿Por qué sienten este conflicto?
   Porque gran parte de las mujeres se han preparado para una
   carrera.
RESUMEN: . . .

Diálogo VI

ANA: ¡Hola Roberto! ¿Cómo estás?

ROBERTO: ¡Ana, qué casualidad![1] ¿Qué haces tú aquí?

ANA: Pidiendo informaciones, acerca de los viajes a Europa.

ROBERTO: Haciendo planes para la luna de miel,[2] ¿eh?

ANA: ¡Qué va! Pepe y yo no pensamos casarnos tan pronto.

ROBERTO: Creía que Vds. estaban muy enamorados.[3]

ANA: Es verdad, pero yo no quiero casarme tan joven.

ROBERTO: ¿Por qué no?

ANA: Me gustaría primero trabajar algunos años, viajar y ver mundo antes de entrar en el matrimonio.

ROBERTO: Vds. podrían viajar juntos después de casados.

ANA: No sería tan fácil. Cuando uno funda un hogar y comienza a tener hijos, queda poco tiempo para estas cosas.

ROBERTO: Creía que lo único[4] que les interesaba a las mujeres era casarse lo antes posible.

ANA: El horizonte de la mujer moderna es más amplio. Ella no quiere depender del hombre. Además yo tengo mi carrera. ¡No creas que asistí a la universidad simplemente para encontrar marido!

ROBERTO: Yo no digo eso, pero es que . . .

ANA: ¿Qué, no crees que las mujeres son capaces de ganarse la vida ellas mismas?

ROBERTO: ¡No, no! Al contrario, hay muchas mujeres que trabajan hoy día y ocupan puestos altos.

ANA: ¿O quieres que las mujeres se estén en casa y sean esclavas de los hombres?

ROBERTO: Yo dudo que las mujeres que se quedan en casa sean tan dominadas por sus maridos, como tú crees.

---

[1] **casualidad** *f.* coincidence
[2] **luna de miel** *f.* honeymoon
[3] **enamorado** in love
[4] **lo único** the only thing

ANA: Además, el trabajo de la mujer ayuda a pagar los gastos[5] de la casa. Hace posible que la familia tenga un nivel de vida más alto.

ROBERTO: Mira Ana, todo lo que dices es verdad. Yo simplemente te pregunté si estabas haciendo planes ahora, para la luna de miel.

ANA: Perdóname Roberto si la tomé[6] contigo. Es que la opinión de algunos hombres en esta cuestión me irrita tanto . . .

ROBERTO: Está bien Ana. No te preocupes por mí. Yo estoy completamente de acuerdo[7] contigo.

---

[5] **gasto** expense

[6] **tomarla con** to pick a quarrel with

[7] **de acuerdo** in accord, in agreement

Preguntas

1. ¿Qué planes creía Roberto que Ana estaba haciendo?
2. ¿Quién es el novio de Ana?
3. ¿Qué prefiere Ana hacer, antes de casarse?
4. ¿Con qué propósito asistió Ana a la universidad?
5. ¿Cuáles son algunos de los puestos altos que la mujer ocupa hoy día?
6. ¿Qué beneficios hay para la familia en el trabajo de la mujer?
7. ¿Qué le irrita a Ana?
8. ¿Cuál es la opinión de Roberto acerca de la mujer moderna?
9. ¿Cree Vd. que Ana debe viajar, antes de casarse, si su novio se opone a ello?
10. ¿Piensa Vd. casarse joven? ¿Por qué?

Composición

1. La mujer emancipada y la nueva moralidad.
2. ¿Es la familia la primera responsabilidad de la mujer?
3. La falta de aceptación de la mujer en . . . (¿qué puestos?)
4. ¿Es el éxito profesional de la mujer un inconveniente para la vida conyugal?
5. Los derechos y las responsabilidades de la mujer.

TEMA VII

El porvenir de la ciudad

Es triste ver el lamentable estado de las ciudades en los Estados Unidos. Las calles desiertas al oscurecer revelan los restos de la turbulencia de sus habitantes, quienes no muestran la menor preocupación por guardar la ciudad limpia. Al amanecer se hace visible
5 la sordidez de la vida nocturna.

Durante el día, el centro de la ciudad, donde se encuentran los grandes almacenes y edificios comerciales, está lleno de secretarias, ejecutivos y empleados de cuello duro. La mayor parte de ellos viven en las afueras y vienen a la ciudad solamente para ganarse la vida. En
10 los barrios pobres, donde vive la mayor parte de la población permanente de la ciudad, se ven hombres delante de sus casas o andando por las calles sin trabajo. No tienen tampoco la esperanza de conseguirlo por falta de los conocimientos que el mundo comercial requiere.

15 Los teatros manifiestan por debajo de sus fachadas mugrientas, la elegancia que una vez tuvieron. En el centro se encuentran también restaurantes y cabarets, frecuentados por la clase adinerada o jóvenes cuyo estado soltero les permite el lujo de entrar en ellos.

¿Y es ésta la ciudad, la que en la antigüedad vio nacer la filosofía y el derecho civil, la que en otro tiempo dictaba modales de cultura y finura a los rudos patanes de las afueras? Las grandes ciudades de la antigüedad fueron fundadas en la desembocadura o en el cruce de ríos, porque estos sitios favorecían el comercio con otros países. 5 Servían de salida para los productos agrícolas y mineros del interior, los cuales se cambiaban por productos de otras regiones. El comercio fue acompañado por un intercambio de ideas y modos de vivir. Nuestra palabra "cosmopolita" proviene de dos palabras griegas: *cosmos* que significa "mundo" y *polites* "habitante" de la *polis*, "la 10 ciudad"; es decir ciudadano en el sentido etimológico de la palabra. El intercambio de ideas y modos de vivir engendró el desarrollo de la cultura.

A través de los medios de comunicación actuales, ya no se depende de una localidad para recibir noticias de todas partes del mundo. La 15 radio, la televisión, las revistas, los libros y los periódicos nos ponen en contacto con la cultura internacional, aunque vivamos en los sitios más remotos. Los medios de transportación actuales, sobre todo el transporte aéreo, facilitan el intercambio de productos sin necesidad de que éstos sean enviados a la ciudad. 20

La decadencia de la ciudad es el resultado de esta pérdida de importancia económica y cultural. ¿Cuál será el porvenir de la ciudad? Nadie lo sabe.

Vocabulario

actual present-day
aéreo air
afueras *f. pl.* suburbs, outskirts
amanecer to dawn; **al amanecer** at dawn
conseguir to get, obtain
cruce *m.* crossing, crossroads
cuello collar; **cuello duro** *m.* white collar
debajo (de) under; beneath
derecho right; law
desembocadura mouth (*of a river*)
engendrar to engender; to produce
etimológico etymological, pertaining to the derivation of words
fachada façade (*of a building*)

guardar to keep
intercambio interchange
lujo luxury
minero pertaining to mines
modales *m. pl.* manners
mugriento dirty
nacer to be born
oscurecer to grow dark; **al oscurecer** at dusk
patán *m.* yokel, rustic; unmannerly person
porvenir *m.* the future
provenir to come from
salida outlet
soltero single, unmarried

Preguntas

1. ¿Qué podemos ver en las calles al anochecer?
2. ¿Quiénes trabajan en el centro de la ciudad durante el día?
3. ¿Dónde vive la mayor parte de los habitantes permanentes de la ciudad?
4. ¿Cómo eran los teatros antes?
5. ¿Quiénes frecuentan los restaurantes de lujo?
6. ¿Qué aspectos de nuestra civilización se originaron en la ciudad?
7. ¿Dónde solían establecerse las ciudades en tiempos antiguos? ¿Por qué?
8. ¿Cómo se transmitía la cultura, de una gente a otra, en la antigüedad?
9. ¿Cuál es el origen y significado de la palabra "cosmopolita"?
10. ¿Cómo ha perdido la ciudad su importancia comercial y cultural?

Apuntes Escogidos

I. Al + Infinitive = "upon" + (verb) "-ing"

The idiom **al (a + el)** followed by the infinitive is translated into English by *on* or *upon* + (verb) *-ing*. It conveys the concept of the immediacy of the occurrence of the action.

Al entrar en la tienda, fuimos al departamento de juguetes.	*Upon entering the store (when we entered the store), we went to the toy department.*

Ejercicio

Cambie Vd. las frases empleando al *con el infinitivo.*

MODELO
Cuando vio la película, decidió hacerse abogado (*lawyer*).
Al ver la película, decidió hacerse abogado.

1. Cuando él me saludó, me dio las noticias.
2. Cuando puso la televisión, el mecánico vio el defecto.
3. Cuando volvemos del centro, nos sentamos a tomar café.
4. Cuando le escribas a Juan, dale mis saludos.
5. Cuando lea la carta, se alegrará.

II. Pensar en, Pensar de, and Pensar + Infinitive

A. Pensar en means *to think of* with the sense of "to have in mind."

Pepe no puede estudiar porque siempre está **pensando en** su novia.

Joe can't study because he is always thinking of his girlfriend. (He has her on his mind.)

B. Pensar de means *to think of* with the sense of "to have an opinion of."

¿Qué **piensa** Vd. **de** la huelga?

What do you think of the strike? (What is your opinion of the strike?)

C. Pensar + the infinitive is translated by *to intend.*

Ana **piensa trabajar** antes de casarse.

Ana intends to work before getting married. (She is thinking of working.)

Ejercicio

Cambie Vd. las frases según el modelo.

a. MODELO

Las madres siempre tienen a sus hijos en mente.
Las madres siempre piensan en sus hijos.

1. Teniendo en mente la huelga, el alcalde canceló sus entrevistas.
2. Los viejos suelen meditar sobre su juventud.
3. Hay que tener en mente el porvenir.
4. Reflexionaba sobre el viaje que hice a Europa hace diez años.
5. Los obreros se dieron cuenta de sus responsabilidades ante el público.

b. MODELO

Todo el mundo tiene buena opinión de Juan.
Todo el mundo piensa bien de Juan.

1. ¿Cuál es tu opinión de la escuela?
2. Quiero que el profesor tenga una buena opinión de mí.
3. Juan quería que su amiga tuviera buena opinión de él.
4. Nos importa mucho la opinión que otros hayan tenido de nosotros.
5. Si Juanita hubiera tenido una mala opinión de Carlos, no hubiera salido con él.

c. MODELO

Tenemos la intención de vivir en la ciudad.
Pensamos vivir en la ciudad.

1. Enrique tiene la intención de ser maestro.
2. Tengo la intención de hacer un viaje a España.
3. Los niños tenían la intención de mirar la televisión.
4. Si tuviéramos la intención de aprender el español, lo haríamos.
5. ¿Tienes intención de ir a la playa el sábado?

III. Por and Para

A. Para is derived from the two Latin prepositions "pro" (*for*) and "ad" (*to*). **Para** retains in Spanish the connotation of direction, physical or abstract, which "ad" (modern Spanish **a**) implies.

El tren sale **para** Sevilla en media hora.	*The train is leaving for Seville (in the direction of) in half an hour.*
Los billetes son **para** el próximo sábado.	*The tickets are for next Saturday. (Destination in terms of time.)*
Compró juguetes **para** los niños.	*She bought toys for the children. (The toys are destined for the children.)*
Roberto estudia **para** (ser) ingeniero.	*Robert is studying (in order) to become an engineer.*
Ponga los vasos **para** el vino aquí.	*Put the wineglasses here. (The glasses are destined to hold wine.)*
Para su edad, parece joven.	*For his age, he looks young. (For someone of his age . . .)*

Ejercicios

Haga frases completas, usando la preposición **para,** *según el modelo.*

a. MODELO

El avión parte a las tres. Va a Madrid.
El avión parte a las tres para Madrid.

1. Mis amigos partieron ayer. Fueron a Puerto Rico.
2. Yo saldré mañana. Voy a Caracas.

b. MODELO

Tengo que hacer mi tarea. Tengo que dársela al profesor mañana.
Tengo que hacer mi tarea para la semana que viene.

1. Va a haber elecciones. Tendrán lugar el martes que viene.
2. Clara necesita un vestido nuevo. Va a un baile este sábado.
3. Juanita y yo tenemos una cita. Voy a verla el domingo.

c. MODELO

Mi padre envió una bicicleta. Va a pertenecer (*belong*) a Magdalena.
Mi padre envió una bicicleta para Magdalena.

1. Acabamos de recibir un telegrama. Venía a nombre de Ricardo.
2. Compré estas flores. Irán a mi novia.

d. MODELO

Mire Vd. la televisión en español. Aprenderá a hablarlo bien.
Mire Vd. la televisión en español para aprender a hablarlo bien.

1. Pepe y Ana están ahorrando su dinero. Se casarán pronto.
2. Mis padres fueron a Europa. Visitarán a mis tíos allí.
3. Asistimos a la universidad. Queremos tener una profesión.

e. MODELO

¿Qué contendrán estas tazas? Café.
Son tazas para café.

1. ¿Qué contendrán estos vasos? Agua.
2. ¿Qué contendrán estos platos? El postre (*dessert*).

f. MODELO

Carolina es norteamericana. Habla bien el español.
Para norteamericana, Carolina habla bien el español.

1. Lorenzo es ingeniero. Sabe mucho de literatura.
2. Roberto es joven. Piensa con mucha madurez.

B. Por can be translated by *by* or *through*. It introduces the motive
behind the action taking place. In such cases, it may sometimes
be translated by *in exchange for, instead of,* or *for the sake of*. With
expressions of time, **por** implies duration.

Compare the use of **por** and **para** in the following examples and note
the inference implied by each.

Ana preparó la comida **para** Pepe, a quien había convidado a cenar.	*Ana prepared the meal for Joe, whom she had invited to dinner. (The meal is destined for Joe.)*
Ana preparó la comida **por** su madre, la cual se encontraba enferma.	*Ana prepared the meal for her mother, who was sick. (She prepared the meal instead of her mother or on behalf of her mother.)*

Other examples of the uses of **por**:

La tienda será vendida **por** los dueños.	*The store will be sold by the owners.*
La tienda será vendida **por** $25.000.	*The store will be sold for $25,000.*
Ella cambió la pulsera **por** un reloj.	*She exchanged the bracelet for a watch.*
Un buen marido hace tareas domésticas **por** su esposa.	*A good husband does household tasks for his wife.*
El autobús no pasa **por** esta calle.	*The bus doesn't pass through this street.*
Por ser tan bueno, muchos se aprovechan de él.	*Because he is so good, many people take advantage of him.*
Envié la carta **por** correo aéreo.	*I sent the letter by airmail.*
Anoche estudiamos juntos **por** tres horas.	*Last night, we studied together for three hours.*

Ejercicio

Haga frases completas según el modelo.

a. MODELO
¿Quién escribió estos versos? (Rubén Darío)
Estos versos fueron escritos por Rubén Darío.

1. ¿Quiénes fundaron la ciudad? (los fenicios)
2. ¿Quién pintó este cuadro? (Goya)

b. MODELO
¿Cuánto pagaste por el vestido? (veinte y cinco dólares)
Pagué veinte y cinco dólares por el vestido.

1. ¿Cuánto quiere Pedro por el coche? (quinientos dólares)
2. ¿Cuánto te pidió por el televisor? (cien dólares)

c. MODELO

Los soldados luchan en la guerra.   (su patria)
Los soldados luchan en la guerra por su patria.

1. Los padres se sacrifican.   (sus hijos)
2. El señor Gómez compró una casa.   (su hijo)

d. MODELO

¿Dónde oíste las noticias?   (la radio)
Oímos las noticias por la radio.

1. ¿Cómo enviaron el recado (*the message*)?   (telegrama)
2. ¿Cómo supiste los resultados?   (el periódico)

e. MODELO

¿Por qué no salieron bien en el examen?   (Porque no estudiaron
bastante.)
No salieron bien en el examen por no estudiar bastante.

1. ¿Por qué no hizo Juan su tarea?   (Miró la televisión.)
2. ¿Por qué llegó Concepción a casa tan cansada?   (Fue de un almacén a
otro.)

f. MODELO

¿Cuánto tiempo pasaste estudiando?   (dos horas)
Estudié por dos horas.

1. ¿Cuánto tiempo vas a estar en España?   (un mes)
2. ¿Cuánto tiempo trabajó Alicia en el almacén?   (seis meses)

IV. The Use of the Definite Article as a Pronoun

When a noun has already been mentioned, it need not be repeated.
The corresponding definite article is sufficient to refer to the noun
mentioned.

Los edificios altos y **los** [edificios] más pequeños.	*The tall buildings and the smaller ones [buildings].*
La familia de Pepe y **la** [familia] de Ana.	*Joe's family and Ana's [family].*
La mujer que trabaja y **la** [mujer] que se queda en casa.	*The woman who works and the one [woman] who stays at home.*

Ejercicio

Omita la repetición del sustantivo en las siguientes frases, según el modelo.

MODELO

La huelga de los basureros y la huelga de los choferes ocurrieron al mismo tiempo.

La huelga de los basureros y la de los choferes ocurrieron al mismo tiempo.

1. El vestido rojo y el vestido azul son lindos.
2. Me gustan la música latina y la música clásica.
3. No quiero comprar ni el coche nuevo ni el coche de segunda mano.
4. Los amigos de Pepe y los amigos de Ana les hicieron una fiesta.
5. Leímos la poesía de Bécquer y la poesía de García Lorca.
6. Las películas que vemos en la televisión no son tan largas como las películas que vemos en el cine.
7. El profesor que se dedica a sus alumnos es mejor que el profesor que no tiene interés en ellos.
8. Las tiendas grandes y las tiendas pequeñas tienen los mismos problemas.
9. La casa de Roberto y la casa de Magdalena están en el mismo barrio.
10. El hombre que vive en los suburbios y el hombre que vive en la ciudad trabajan en el centro.

Breves Conversaciones en Resumen

A.

1. ¿A dónde tienes intención de ir este domingo?
   Pienso ir a las afueras.
2. ¿A las afueras? ¿Para qué?
   Para buscar una nueva casa.
3. ¿Por qué necesitas una nueva casa?
   Porque la que tengo es muy pequeña.

RESUMEN: . . .

B.

1. ¿Qué piensas de Juan?

Juan es simpático, pero no muy interesante.

2. ¿Por qué dices eso?

Porque sólo piensa en la casa.

3. ¿Qué casa?

La que acaba de comprar.

RESUMEN: . . .

C.

1. ¿Dónde vives ahora, Juan?

Compré una casa en los suburbios.

2. ¿De veras? ¿Cuándo la compraste?

Al conseguir el puesto en la universidad.

3. ¿Por qué vives tan lejos de la ciudad?

Para estar más cerca de mi trabajo.

RESUMEN: . . .

D.

1. ¿Quiénes trabajan en el centro?

Los empleados de cuello duro.

2. ¿Dónde vive la mayoría de ellos?

Viven en las afueras. (pero)

3. ¿Por qué vienen a la ciudad?

Vienen a la ciudad para ganarse la vida.

RESUMEN: . . .

E.

1. ¿Cuánto tiempo pasaste hoy en el centro?

Estuve allí por cinco horas.

2. ¿Qué estabas haciendo?

Buscando un vestido nuevo.

3. ¿Para qué ocasión?

Para la boda (*wedding*) de Carmen.

RESUMEN: . . .

Diálogo VII

ROBERTO: ¿Dónde piensan Vds. vivir cuando se casen?

ANA: Hemos hablado mucho de este asunto, pero todavía no hemos llegado a ningún acuerdo.

PEPE: Sí; Ana prefiere quedarse en la ciudad, pero a mí me gustaría comprar una casa en las afueras.

ROBERTO: Hay ventajas y desventajas en vivir en la ciudad.

ANA: No importa lo que digan, la ciudad tiene mucho más que ofrecer: teatros, museos, galerías de arte, grandes almacenes, todo. La vida cultural de la ciudad es incomparable.

PEPE: ¿Qué vale todo eso, si uno tiene miedo de andar por las calles de noche?

ROBERTO: No me digas Pepe, que tú, siendo tan fuerte y atleta, tienes miedo.

PEPE: No es por mí, sino por Ana. ¿Tú crees que yo estaría tranquilo si Ana tardara en llegar a casa cuando vuelve de su trabajo? Tampoco por la noche la permitiría salir de compras sola o con las amigas.

ANA: ¡Oh, Pepe! A ti te gusta dramatizar las cosas.

ROBERTO: Bueno, la verdad es que hoy día hay mucha violencia en la ciudad.

ANA: ¿Y qué? No pasan las mismas cosas en los suburbios? Es que no dejan salir tales noticias de los pueblos pequeños. Hay gente buena y mala dondequiera[1] que uno vaya.

PEPE: Pero hay otros factores también. El alquiler[2] de los apartamentos es muy caro, y después de pagarlo año tras año, ¿qué le queda a

---

[1] **dondequiera** wherever   [2] **alquiler** *m.* rent

uno? ¡Nada!, más alquiler a pagar. Pero cuando uno compra una casa, los pagos mensuales son para pagar la hipoteca[3]. Es como ahorrar dinero en un banco, después de veinte o veinte y cinco años, el préstamo[4] está pagado y uno queda dueño[5] de la propiedad.

ROBERTO: No es como te lo imaginas, Pepe. Cuando uno es propietario, tiene que costear[6] los gastos de las reparaciones y muchas otras cosas. Si una casa no se mantiene en buen estado, pierde valor.

ANA: Además, yo no quisiera preocuparme por el jardín y tales tareas domésticas. Los días que tengo libres, los preferiría pasar como me diera la gana,[7] sin tener que pensar si el césped[8] está cortado o no.

PEPE: Y cuando tengamos hijos, ¿no sería la vida en los suburbios más sana[9] para ellos?

ROBERTO: Tal vez sea temprano hablar de estas cosas ahora. Yo he oído a muchas parejas[10] hablar como Vds., y aún con más firmeza, pero cuando se casaron y tuvieron familia, cambiaron de idea.

ANA: Creo que tienes razón, Roberto. Ya veremos después.

---

[3] **hipoteca** mortgage
[4] **préstamo** loan
[5] **dueño** owner
[6] **costear** to pay the cost of

[7] **dar la gana** to feel like (doing)
[8] **césped** *m.* lawn
[9] **sano** sane; healthy; healthful
[10] **pareja** couple

Preguntas

1. ¿Dónde prefiere Ana vivir cuando se case? ¿Y Pepe?
2. ¿Qué ventajas tiene el vivir en la ciudad?
3. ¿Qué peligro hay en vivir en la ciudad?
4. ¿Qué tipo de muchacho es Pepe?
5. ¿Qué es lo que Pepe no le dejaría hacer a Ana?
6. ¿Por qué no sabemos de la violencia en los suburbios?
7. ¿Qué ventajas hay en comprar una casa?
8. ¿Qué gastos hay en una casa además de la hipoteca?
9. ¿Qué tarea de casa no le gustaría a Ana hacer?
10. ¿Cuándo cambian algunas parejas sus ideas?

Composición

1. La violencia en las ciudades.
2. Los beneficios culturales que ofrece la ciudad.
3. ¿Es, en efecto, la vida en los suburbios mejor para los niños?
4. Las diferencias entre la vida urbana y la vida de los suburbios.
5. El porvenir de la ciudad.

La psicología*

Recientemente se celebró en Madrid la Cuarta Asamblea Mundial de Psiquiatría. Al dar la bienvenida a los 4.000 miembros titulares y asociados de ochenta sociedades psiquiátricas de todo el mundo, el Doctor López Ibor habló de la correspondencia entre la psicología y la cultura. 5

Dijo que España siempre ha sido una tierra acogedora, para cuyos habitantes lo más importante en la vida son las relaciones humanas. Citó a Cervantes, Calderón, Luis Vives, Goya y a otros, como ejemplos ilustres de la cultura española cuya preocupación había sido el conocimiento de la vida psíquica del hombre y la paz del alma. Esto 10 es precisamente lo que preocupa al psiquiatra en su tarea profesional.

El Doctor López Ibor reconoció la existencia de dos laderas que han contribuido al avance de la psiquiatría: la ciencia de la naturaleza y las fuerzas de la cultura. "La psiquiatría hoy no consiste solamente en etiquetar unos síntomas; hay que conocer la historia natural 15 de una enfermedad. Por eso sería un error peligroso deshumanizar la psiquiatría. Se explica la presencia de una demencia por un

---

* Adaptado de Rafael López Jordán, S.J., "Psiquiatría: ni ciencia natural, ni cultural," *El Imparcial*, San Juan, Puerto Rico, 14 de noviembre de 1966.

razonamiento analítico como en las ciencias. En cambio, las alteraciones de la conducta de un neurótico se comprenden según los principios de la vida normal. La psiquiatría no puede ser ni ciencia natural ni ciencia cultural, sino que ha de lograr un tercer camino, el diálogo entre
5 ambas. Porque el hombre, a pesar de su vida corporal y de su vida psíquica, no tiene más que una vida, la humana."

El Doctor Llavero, vice-presidente de la asociación de psiquiatras, dijo: "La medicina pura ha fracasado en ciertas oportunidades, no ante la enfermedad, sino ante el enfermo. (Y como no hay enferme-
10 dades sin enfermos . . .)" Añadió que, bajo las presiones de la vida, el hombre enfermo se evade, se enajena. El alma recorre pasillos hacia la depresión, el alcohol, las drogas, las perversiones sexuales, el crimen, etc. Interesan más esos pasillos interiores que los corredores que conducen a la luna. Aun en el espacio, la gran aventura del hombre
15 moderno, se estudia su estabilidad, su equilibrio, su felicidad íntima y su convivencia con el prójimo. Más trascendente es el descubrimiento del ser oculto del hombre que las fotos de la cara oculta de la luna. Sin embargo, ambos esfuerzos merecen mantenerse, ambos aplaudirse.

Lo que está en crisis es el hombre, pero no el abstracto y mítico,
20 sino el de carne y hueso con quien nos cruzamos en la calle cada día.

Vocabulario

acogedor harboring; hospitable
ambos both
añadir to add
bienvenida welcome
celebrar to celebrate; to hold (*formal meeting*)
conducir to lead
convivencia act of living together
corredor *m.* corridor
enajenar to alienate
etiquetar to label, ticket
fracasar to fail
hueso bone; **de carne y hueso** of flesh and blood
ladera inclination

lograr to attain
merecer to merit, deserve
oculto hidden
pasillo passage, corridor
paz *f.* peace
presión *f.* pressure
prójimo fellow man
psiquiatra *m.* psychiatrist
psiquiatría psychiatry
psiquiátrico psychiatric
recorrer to travel in, over, or through
síntoma *m.* symptom
trascendente transcendent, going beyond particular limits

Preguntas

1. ¿Qué reunión tuvo lugar hace poco en Madrid?
2. ¿Cuándo dijo el Dr. López Ibor que hay una correspondencia entre la cultura y la psicología?
3. ¿Qué aspecto de la vida consideran los españoles muy importante?
4. ¿Cuál ha sido la mayor preocupación de algunos hombres ilustres de la cultura española?
5. ¿Qué ha contribuido al avance de la psiquiatría?
6. ¿Cómo se explica la conducta de un neurótico?
7. ¿Por qué no deben los psiquiatras tener en mente sólo la vida psíquica?
8. ¿Cuáles son algunas manifestaciones de enfermedades psíquicas?
9. ¿Por qué tienen los psiquiatras interés en los vuelos (*flights*) de los astronautas?
10. ¿Qué clase de hombre está en crisis hoy?

I. Haber de + Infinitive = "to be supposed to" + Verb

Haber de is used to express personal obligation. The form of **haber** will depend on the subject in question and the tense required. The degree of obligation expressed by **haber de** can be a mild implication of a future action or a forceful necessity.

El tren **ha de** llegar a las tres. *The train is (scheduled) to arrive at three.*

Los psiquiatras **han de** estudiar medicina. *Psychiatrists are (required, supposed) to study medicine.*

Nosotros **habíamos de** asistir a la reunión. *We were (supposed) to attend the meeting.*

Ejercicio

Cambie Vd. la frase usando el modismo **haber de** *según el modelo.*

MODELO
El Dr. García nos dará una conferencia.
El Dr. García ha de darnos una conferencia.

1. Tengo que ver a mi psiquiatra mañana.
2. Los alumnos tendrán que pasar exámenes orales.
3. Los psicólogos deben saber el fondo cultural de sus pacientes.
4. El Dr. Rojas tenía que examinar a los padres para comprender al niño.
5. ¿Qué es lo que tenemos que hacer con Juanito?

II. Hay que + Infinitive = "It is necessary" + Verb

Hay que expresses impersonal obligation or necessity. The form **hay** comes from **haber**. It is the third person singular **ha** + **y**. The third person singular is the only form used when this expression occurs in other tenses.

Hay que conocer la historia de una enfermedad. *It is necessary to be acquinted with the history of an illness.*

Habrá que esperar los resultados del examen. *It will be necessary to wait for the results of the examination.*

Ejercicio

Cambie Vd. la frase según el modelo.

MODELO

Es necesario reconciliar la ciencia natural con la cultura.
Hay que reconciliar la ciencia natural con la cultura.

1. Será necesario llamar al médico.
2. Era necesario estudiar el latín.
3. Es posible que sea necesario ir a Madrid.
4. Si fuera necesario ir cada semana, lo haría.
5. No sé si sería necesario consultar a un psiquiatra.

III. Cuyo = "whose"

Cuyo, meaning *whose*, is a relative adjective and, like any other adjective, must correspond in number and gender with the noun it modifies.

Calderón, **cuya** preocupación era la psiquis del hombre, fue un gran dramaturgo.	*Calderon, whose preoccupation was man's psyche, was a great dramatist.*
El Quijote comienza: "En un lugar de la Mancha de **cuyo** nombre no quiero acorddarme, . . ."	*The* Quixote *begins : "In a town of La Mancha whose name I do not wish to remember, . . ."*

Ejercicio

Combine las frases o cláusulas en una frase completa, usando la forma de **cuyo** *que corresponda.*

MODELO

España es una tierra acogedora. Sus habitantes dan mucha importancia a las relaciones humanas.

España es una tierra acogedora cuyos habitantes dan mucha importancia a las relaciones humanas.

1. Calderón y Cervantes son escritores. Sus obras son clásicas.
2. Goya fue un pintor romántico. Sus cuadros están llenos de penetración psicológica.
3. Me gustan los dramas. El tema es psicológico.
4. Es buen médico el Dr. Mejías. A su consultorio voy cuando estoy enfermo.
5. Es difícil comprender la enfermedad. De los síntomas no se sabe mucho.

IV. Lo que = "that which," "what"

The relative pronoun **lo que** is neuter in concept. It does not refer to a particular noun, but to an idea. It can stand as the subject of a sentence or clause, or as the object of a verb or preposition.

Lo que les interesa a los psicólogos, les interesa también a los escritores.

What interests psychologists, interests writers also.

Juan no sabe **lo que** quiere ser.

John doesn't know what he wants to be.

Tenemos mucho interés en **lo que** dijeron.

We are very interested in what they said.

Ejercicio

Haga frases nuevas según las indicaciones.

1. Lo que les preocupa es la vida psíquica.
   (lo que les interesa / lo que quieren estudiar / lo que no se explica)
2. Vamos a ver lo que no se explica.
   (lo que les preocupa / lo que les interesa / lo que quieren estudiar)
3. Siento curiosidad acerca de lo que quieren estudiar.
   (lo que les interesa / lo que les preocupa / lo que no se explica)

V. El que, la que, los que, las que = "the one(s) who"

The relative pronoun **el que**, etc. refers to a specific person or thing (in the plural to specific persons or things). **El que** may be replaced by **quien** or **quienes** when it refers to a person or persons. **El que** is used in the following cases: **a.** as the object of **por, sin,** and compound prepositions, such as **antes de**; **b.** as the subject of a sentence, and **c.** as the subject of a non-restrictive clause. (A non-restrictive clause gives additional information regarding an antecedent which has already been mentioned. It is set off by commas, which is an easy way of recognizing it.)

a. La serenidad del espíritu, sin **la que** no podemos vivir, es de interés para los psicólogos.

Peace of mind, without which we cannot live, is of interest to psychologists.

Las palabras por **las que** le aplaudieron trataban de la cultura.

The words for which they applauded him were about culture.

Había otro conferenciante antes **del que** oímos.

There was another lecturer before the one we heard.

b. El que estudia, aprende.
Los que saben mucho, hablan poco.

He who studies, learns.
Those who know much, speak little.

c. La vice-presidente de la organización, **la que** habló primero, es una dama interesante.

The vice-president of the organization, who spoke first, is an interesting lady.

El hermano de Ana, **el que** es psiquiatra, tiene un coche nuevo.

Ana's brother, who is a psychiatrist, has a new car.

(NOTE: We already know who he is; he is Ana's brother. The fact that he is a psychiatrist is additional information about him; this is not being used to identify him).

El cual, la cual, los cuales, las cuales, can be used instead of **el que**, etc. in examples listed under **a.** and **c.** above. **El cual** may not be used as a subject of a sentence.

Ejercicios

Combine Vd. las dos frases según el modelo.

MODELO
Esta es la puerta. Entramos por la puerta.
Esta es la puerta por la que entramos.

1. Mire Vd. el cuadro. El museo pagó un millón de pesetas por el cuadro.
2. Busque Vd. los ascensores. Subimos por los ascensores.
3. Estudiaron las relaciones humanas. Se preocupan mucho por las relaciones humanas.

MODELO
¿Tiene Vd. las entradas? No podemos asistir a la conferencia sin las entradas.
¿Tiene Vd. las entradas sin las que no podemos asistir a la conferencia?

1. Juanita es la mujer. Yo no podía vivir sin ella.
2. Necesito tranquilidad. No puedo estudiar sin tranquilidad.
3. Este es el coche. Felipe no va a ningún lugar sin el coche.

MODELO
Fuimos a ver al conferenciante. Habíamos oído hablar mucho acerca de él.
Fuimos a ver al conferenciante acerca del que habíamos oído hablar mucho.

1. Fui a ver la película. Había leído un artículo acerca de la película.
2. Encontré un asiento. Delante del asiento había una mujer alta.
3. Vi a algunos hombres. Me senté detrás de ellos.

Ejercicio

Haga frases nuevas según el modelo.

MODELO
Los psicólogos que creen que la cultura es importante son humanistas.
Los que creen que la cultura es importante son humanistas.

1. Los alumnos que estudian reciben buenas notas.
2. Las obras que hemos leído tienen temas psicológicos.
3. La bienvenida que le dieron era muy buena.

MODELO
Los miembros de la asociación, los miembros que venían de todas partes
del mundo, aplaudieron su conferencia.
Los miembros de la asociación, los que venían de todas partes del mundo,
aplaudieron su conferencia.

1. El director del hospital, el director que es psiquiatra, asistió a la reunión.
2. La mujer del director, la mujer que sabe español, le acompañó a Madrid.
3. Algunas enfermedades mentales, las enfermedades que son graves,
duran (*last*) toda la vida.

Breves Conversaciones en Resumen

A.

1. ¿Cuándo va a dar su conferencia el Dr. Ramírez?
El Dr. Ramírez ha de hablar mañana.
2. ¿De qué asuntos va a hablar?
De la psicología. (la cual)
3. ¿Te interesa la psicología?
Me interesa mucho.
RESUMEN: . . .

B.

1. ¿Qué se necesita para ser psicólogo?

Primero, se necesita un diploma en psicología. (y)

2. ¿Cómo se consigue el diploma?

Para conseguirlo hay que estudiar mucho. (pero)

3. ¿Es todo lo que se necesita?

No, lo más importante es tener una comprensión del hombre.

RESUMEN: . . .

C.

1. ¿Qué le pasa a Ramón?

Ramón está triste porque fracasó en el examen de psicología. (lo que)

2. ¡Increíble! ¿Es verdad?

Sí, me sorprende mucho. (y)

3. ¿Qué va a hacer?

Ahora no sabe lo que quiere hacer.

RESUMEN: . . .

D.

1. ¿Quiénes son los mejores médicos?

Los médicos que sienten por sus pacientes. (los que)

2. Ganan mucho dinero, ¿no?

No siempre están interesados en el dinero.

3. Serán buenas personas.

Sí, son buenos.

RESUMEN: . . .

E.

1. ¿Le interesa la psicología?

Me interesa mucho la psicología. (cuya)

2. ¿De qué se trata?

Su preocupación es la vida psíquica del hombre. (de la cual)

3. ¿Se sabe mucho de esto?

Se sabe poco.

RESUMEN: . . .

Diálogo VIII

ROBERTO: ¿Vds. han leído lo que dijo un psiquiatra español en la reunión que tuvieron en Madrid?

PEPE: ¿Te refieres al artículo que apareció este domingo en el periódico?

ROBERTO: Sí, hombre, dijo que la psiquiatría no es ni ciencia natural ni ciencia cultural.

ANA: ¿De veras? Bueno, a mí me alegra mucho oírlo, ya que ésta ha sido mi opinión desde hace muchos años.

PEPE: Ya sabemos tus ideas románticas sobre la naturaleza humana, pero mujer, es la ciencia la que separa la psiquiatría de la literatura.

ANA: ¿Y qué tiene la literatura? ¿Puede haber más comprensión humana que la que aparece en las obras de Cervantes o de Calderón?

ROBERTO: Oigan, yo no quería armar un lío[1] entre ustedes. El artículo cita precisamente esto. Los grandes escritores siempre se han preocupado por el conocimiento de la vida psíquica del hombre. También por la tranquilidad del espíritu. Según el Dr. López, la psiquiatría moderna debe tratar de reconciliar la ciencia natural con la cultura.

PEPE: Es cierto que siempre ha existido cierta comprensión del ser humano en la literatura. Nadie puede negar[2] eso. Pero la gran

---

[1] **armar un lío** to make difficulties, start an argument   [2] **negar** to deny

contribución de la psicología es que ha hecho un estudio sistemático del hombre y de la aberraciones de la mente.

ANA: Sí, y lo que digo yo es que con toda su ciencia, el hombre no es más feliz hoy que antes.

ROBERTO: Esa es otra cuestión. A la psicología no se le puede echar la culpa[3] por los problemas de hoy. Al contrario, se necesita la psicología para comprender las causas y para buscar soluciones.

PEPE: Lo que pasa es que no hay suficientes estadísticas de casos de anormalidades, antes del siglo veinte. Si las hubiera, tal vez tendríamos mejor idea de la importancia de la psicología y de sus contribuciones.

ROBERTO: Hay que tener en mente que la vida hoy es más compleja que nunca.

ANA: Para mí, lo que importa es que los psicólogos no pasen por alto[4] las trascendentales verdades contenidas en la cultura, o sea, más específicamente en la literatura, la filosofía y la religión.

---

[3] **echar la culpa** to blame   [4] **pasar por alto** to overlook

Preguntas

1. ¿Cuál ha sido la opinión de Ana desde hace mucho tiempo?
2. ¿Cómo califica Pepe las ideas de Ana?
3. ¿Qué valor tiene la ciencia para el estudio del hombre?
4. ¿Cuál ha sido la contribución de la psicología?
5. ¿Ha alcanzado la ciencia a hacerle feliz al hombre?
6. ¿Cuál es la causa de su infelicidad?
7. ¿Tiene la culpa la psicología por algunos de los problemas de hoy?
8. ¿Qué datos nos faltan de los siglos anteriores?
9. ¿Dónde se encuentran algunas verdades trascendentales acerca del hombre?
10. ¿Ha contribuído la psicología a la literatura y a la religión?

Composicion

1. Las contribuciones de la psicología a la literatura (a la religión).
2. El valor de la cultura en la solución de los problemas psicológicos.
3. La influencia de la psicología en la pedagogía.
4. Razones por el fracaso de la psicología en encontrar soluciones a algunos de los problemas del hombre moderno.
5. ¿Hasta qué punto es la psicología una ciencia?

Mom!

Load:

Christmas presents!
Coats + jackets (thick / thin)
3 suitcases
hanging clothes!

See about garbage!
Drapes open for all plants.

TEMA IX

Arquetipos

Llegamos a conocer gente con quien nunca nos hemos encontrado a través de la imagen que la literatura, el cine y la televisión nos presentan. También vemos mejor a la gente con quien tenemos contacto diario, cuando la comparamos con su arquetipo. Muy
5 frecuentemente, las personas son influenciadas en su manera de ser por el arquetipo que existe de su profesión o nacionalidad. Así es que, en los Estados Unidos, por ejemplo, hay gente de origen francés que es más francesa que los mismos parisienses. Lo mismo se puede decir de personas de otras procedencias.
10 El acto de formar en la mente generalizaciones acerca de otros grupos corresponde a una necesidad del hombre de clasificar a la gente. Decimos, aunque no sea verdad en todos los casos, que los latinos son apasionados o que los anglosajones son gente fría, porque es más fácil tener en mente una característica general que pararnos
15 a considerar individualmente a cada uno de los miembros del grupo. En estudios de tribus primitivas, los antropólogos han encontrado que la sociedad premia ciertas formas de conducta y rechaza otras. Lo vemos también en la literatura y en la historia. El caballero de la Edad Media, dispuesto a luchar hasta la muerte por su honor, era un
20 héroe; en nuestra civilización sería un hombre, si no peligroso,

lunático. El resultado es que cada pueblo tiene un genio, aunque no todos en el grupo manifiesten las mismas cualidades.

Pero hay que acordarse de lo peligroso que es tomar estas generalizaciones como si fueran la pura verdad. Muchos prejuicios han surgido como resultado de las falsas impresiones que algunos han 5 circulado de otras gentes. Por ejemplo, la imagen del comerciante en casi toda la literatura es la de una persona egoísta, tacaña, y sin corazón. Sin embargo, los escritores muchas veces han omitido mencionar o tal vez no han apreciado algunos de los rasgos positivos del carácter que el comercio impone: confianza, diligencia, tolerancia, 10 responsabilidad, integridad, y espíritu creador y aventurero.

Otro peligro es que, si nos concentramos demasiado en la imagen de un grupo, no apreciamos al individuo que pertenece a este grupo. Vale la pena que una chica norteamericana sepa que al joven hispano le gusta hacer el papel de un Don Juan. La sociedad casi se lo exige. 15 Pero si ella toma las atenciones serias de un joven por galanterías donjuanescas, además de ofender al muchacho, corre el riesgo de perder lo que tal vez hubiera sido un gran amor.

Vocabulario

anglosajón Anglo-Saxon
apasionado passionate
arquetipo archetype; stereotype (*lit.*)
consciente conscious
corazón *m.* heart
creador creative; creating; *m.* creator
cualidad *f.* quality, characteristic (*of a person*)
chica girl
egoísta selfish; *n.m. & f.* egotist
exigir to demand, require
galantería gallantry; compliment (*to a lady*)
genio temperament; character
hispano *one whose native language is Spanish*; Hispanic

luchar to fight, struggle
parar (se) to stop (oneself)
parisiense Parisian
peligroso dangerous
pertenecer to belong, pertain
prejuicio prejudice
premiar to reward
procedencia *f.* origin
rasgo *m.* characteristic
rechazar to regret
riesgo risk
surgir to arise; come forth
tacaño stingy, niggardly; knavish
valer to be worth; **valer la pena** to be worthwhile

Preguntas

1. ¿Para qué sirven las generalizaciones que se hacen acerca de distintos grupos?
2. ¿Cuál es la reacción de algunas personas al arquetipo que existe de su grupo?
3. ¿Qué se cree de la gente latina? ¿De los anglosajones?
4. ¿Cómo se forman tales generalizaciones?
5. ¿Qué han aprendido los antropólogos en sus estudios de tribus primitivas?
6. ¿Qué diría la gente de hoy día de alguien que tuviera los valores de un caballero de la Edad Media?
7. ¿Qué peligro hay en aceptar como verdad las generalizaciones que se hacen acerca de distintos grupos?
8. ¿Qué concepto del comerciante aparece en la literatura? ¿Es verdadero?
9. ¿Cómo tratan de ser los muchachos hispanos? ¿Por qué?
10. ¿Qué faltamos de ver si nos concentramos en la imagen que existe de un grupo?

Apuntes Escogidos

I. Como si = "as if"

The expression **como si** implies a state or condition which is unreal or contrary to fact. If the condition is contrary to fact in the present, or was contrary to fact at the same time as a past action in the main clause, **como si** should be followed by the imperfect subjunctive. If **como si** presents a condition which had been contrary to fact *prior* to the action in the main clause, the pluperfect subjunctive is required.

Habla español **como si fuera** nativo.
He speaks Spanish as if he were a native.

Hablaba español **como si fuera** nativo.
He spoke Spanish as if he were a native.

(Note the use of *he were*, instead of *he was*. This is an example of the use of the subjunctive in English.)

Habla español **como si hubiera nacido** en España.
He speaks Spanish as if he had been born in Spain.

Ejercicio

Cambie Vd. la frase de modo que indique una situación contraria a la realidad.

a. MODELO
Lleva una vida de lujo porque tiene dinero.
Lleva una vida de lujo como si tuviera dinero.

1. Seguimos su charla porque le comprendemos.
2. Me puse el abrigo porque hace frío.
3. Levantaron la mano porque sabían la contestación.
4. Se conocen porque se ven todos los días.

b. MODELO
Se sentaron a mirar la televisión porque habían terminado su trabajo.
Se sentaron a mirar la televisión como si hubieran terminado su trabajo.

1. Me acusaron a mí porque yo había escrito la carta.
2. Las mujeres se rebelan porque han sido esclavas del hombre.
3. Los obreros se declararán en huelga porque no recibieron el aumento.
4. Nos han criticado porque hacíamos mucho ruido.
5. Hace frío porque alguien abrió la ventana.

II. "If"-clauses

Conditional sentences which contain an if-clause and a result clause can be classified into statements involving **a.** possibility, **b.** habitual action, and **c.** conditions contrary to fact.

a. Possibility

1.   RESULT (Future)   CONDITION (Present)
Carmen **saldrá** con Felipe si él la **llama.**
    (Fut. Ind.)   (Pres. Ind.)

Carmen will go out with Philip, if he calls her.

2.   RESULT (Past)   CONDITION (Completed Action)
Carmen **salió** con Felipe si él la **llamó.**
    (Pret.)   (Pret.)

Carmen went out with Philip, if he called her.

b. Habitual Action

1.   RESULT (Present)   CONDITION (Present)
Carmen **sale** con Felipe si (cuando) él la **llama.**
(Pres. Ind.)   (Pres. Ind.)

Carmen goes out with Philip, if (when) he calls her.

2.   RESULT (Past)   CONDITION (Past)
Carmen **salía** con Felipe si él la **llamaba.**
(Imperf. Ind.)   (Imperf. Ind.)

Carmen would (used to) go out with Philip, if he called her.

c. Conditions Contrary to Fact

1.   RESULT (Present or   CONDITION (Present or
Unlikely Future)   Unlikely Future)
Carmen **saldría** con Felipe si él la **llamara.**
(Cond'l.)   (Imperf. Subj.)

Carmen would go out with Philip, if he should (were to) call her.

2.   RESULT (Past)   CONDITION (Pres.)
Carmen **habría salido** con Felipe si él la **llamara** (más a menudo).
(Cond'l. Perf.)   (Imperf. Subj.)

Carmen would have gone out with Philip if he would call her (more often).

3.   RESULT (Past)   CONDITION (Past)
Carmen **habría salido** con Felipe (anoche) si él la **hubiera llamado.**
(Cond'l. Perf.)   (Pluperf. Subj.)

Carmen would have gone out with Philip (last night), if he had called her.

4.   RESULT (Present)   CONDITION (Past)
Carmen **saldría** con Felipe este sábado si él la **hubiera llamado** más temprano.
(Cond'l.)   (Pluperf. Subj.)

Carmen would go out with Philip this Saturday, if he had called her sooner.

NOTE: The **-ra** form of the pluperfect subjunctive is often used instead of the conditional perfect in the result clause. The conditional or conditional perfect may never be used in the "if"-clause.

Ejercicio

Cambie Vd. las siguientes frases a situaciones contrarias a la realidad

a. MODELO

Si mis padres vienen mañana, les haremos una fiesta.
Si mis padres vinieran mañana, les haríamos una fiesta.

1. Si Pepe tiene el coche, irán a la playa.
2. Si su padre le da el dinero, comprará un coche.
3. Si estudia derecho, será abogado.
4. Si Ricardo hace esto, yo le castigo (*punish*).
5. Vendrán a la fiesta si pueden.

b. MODELO

Si no estudió para el examen, no recibirá buena nota.
Si no hubiera estudiado para el examen, no recibiría buena nota.

1. Si él te dijo eso, será verdad.
2. Si llovió esta mañana, no irán a la playa.
3. Haremos el viaje si nos mandaron el dinero.

c. MODELO

Si los alumnos no miraron la televisión, hicieron su trabajo.
Si los alumnos no hubieran mirado la televisión, habrían hecho su trabajo.

1. Si no han leído el libro, no han estudiado bastante.
2. Si yo llegaba primero, abría las puertas.
3. No me conociste, si me viste.

Ejercicio

Cambie Vd. la frase para indicar una acción habitual según el modelo.

a. MODELO

Si no tuviera tiempo, cogería el avión (*airplane*).
Si no tengo tiempo, cojo el avión.

1. Si estuvieras en la oficina, harías tu trabajo.
2. Si yo quisiera ir a España, iría.
3. Caminaríamos a la escuela si no viniera el autobús.

b. MODELO

Si se hubiera abierto una ventana, no habría hecho tanto calor.
Si se abría una ventana, no hacía tanto calor.

1. Si me hubieran esperado, habría ido a casa con ellos.
2. Si hubiéramos tenido entradas, nos habrían dejado pasar.
3. Se habrían reído de mí si hubiera dicho eso.

III. Lo + Adjective + que = "how" + Adjective

Within a sentence, the construction **lo** + adjective + **que** translates
the English *how* + adjective.

No se da cuenta de **lo provinciano que** es.	*He doesn't realize how provincial he is.*
Su marido la aprecia por **lo buena que** es.	*Her husband appreciates how good she is.* *(her because of her goodness.)*

Ejercicio

Cambie Vd. la frase según el modelo.

MODELO

¡Qué difíciles son estas lecciones! (Vd. no sabe)
Vd. no sabe lo difíciles que son estas lecciones.

1. ¡Qué interesante es este libro! (Tú no sabes)
2. ¡Qué buena es esta profesora! (Los alumnos no aprecian)
3. ¡Qué instruído es el Dr. Gómez! (Todos admiran)
4. ¡Qué hermosa es esta escuela! (No te puedes imaginar)
5. ¡Qué listos son los alumnos! (Es increíble)

IV. Ninguno

Ninguno may be used as an adjective or a pronoun to mean *none*,
not any, or *not one*.

Ninguno de los alumnos sabía la contestación.	*None (not one) of the students knew the answer.*
Ningún alumno sabía la contestación.	*No (not one) student knew the answer.*

NOTE: If **ninguno** comes before a masculine singular noun, the final
-o is dropped.

Ejercicio

Haga las siguientes frases negativas y en singular.

1. Algunas clases son interesantes.
2. ¿Conoce Vd. a alguna chica para Juan?
3. Algunos profesores son nativos.
4. Algunos exámenes son fáciles.
5. Algún amigo le compró esos aretes.

Breves Conversaciones en Resumen

A.

1. ¿A dónde va su profesora de español este verano?
   Mi profesora de español va a México.
2. ¿Ha estado allí antes?
   Sí, va todos los veranos.
3. ¿Por qué va a México tan a menudo?
   Porque no es muy lejos.

RESUMEN: . . .

B.

1. Vi a su profesora de español en la joyería.
   Sí, a mi profesora le gustan las alhajas. (y)
2. Sí, ¿qué alhajas lleva?
   Lleva aretes y pulseras.
3. ¿A clase también?
   Sí, todos los días.

RESUMEN: . . .

C.

1. ¿Cómo es su profesor de español?
   Mi profesor de español es bueno.
2. ¿Por qué cree Vd. que es buen profesor?
   Porque enseña.
3. ¿Cómo enseña?
   Como si su materia fuera lo más importante en la vida.

RESUMEN: . . .

D.

1. ¿Es Vd. buen alumno?

Bueno, podría sacar mejores notas.

2. ¿Bajo qué condiciones?

Si los exámenes no fueran tan difíciles. (y)

3. ¿No estaría Vd. dispuesto a estudiar más?

Sí, si me gustara estudiar.

RESUMEN: . . .

E.

1. ¿No es verdad que tu hermano fue un buen alumno de español?

Sí, podría haber ganado la medalla.

2. ¿En la escuela secundaria?

No, en la universidad. (si no)

3. ¿Por qué no la ganó?

Hubiera tenido que dar una charla en español.

RESUMEN: . . .

Diálogo IX

ROBERTO: ¡Hola, Pepe! ¿Qué tal? Oí que vas a hacer un recorrido[1] por los Estados Unidos este verano.

PEPE: Sí, hombre. ¿Qué te parece?[2]

ROBERTO: Bueno, no creo que me gustaría el país, aunque sería interesante verlo.

PEPE: ¿Por qué dices eso?

ROBERTO: Pues, tú sabes. La gente allá es tan materialista.

---

[1] **recorrido** trip   [2] **¿Qué te parece?** What do you think?

PEPE: Así dice la gente, pero yo no sé. Ningún otro país contribuye tanto a obras filantrópicas. Yo creo que el norteamericano es caritativo, a pesar de lo que algunos digan.

ROBERTO: Bah, su caridad es nada más que interés.[3] Lo que yo veo por todas partes de Hispano-América es la explotación de la tierra por las grandes compañías norteamericanas.

PEPE: Al mismo tiempo, no se puede negar que la inversión[4] de capital ha sido un gran estímulo para la economía. El desarrollo de la industria provee empleos para los obreros y sube el nivel de vida.[5]

ROBERTO: Sí, es verdad. Tal vez es su actitud de superioridad lo que me ofende. Hay comerciantes norteamericanos que llevan diez o veinte años viviendo en nuestra ciudad y que todavía no hablan español. Casi nunca salen de la colonia norteamericana y han aprendido poco acerca de nosotros en su estancia[6] aquí. Andan como si fueran dueños de la tierra.

PEPE: ¡Qué va! Es que tú no los conoces. El norteamericano es un tipo simpático. Siempre tiene una sonrisa en la cara y le estrecha la mano[7] a todo el mundo.

ROBERTO: Sí, y con la boca llena de chicle[8] dándole a uno palmaditas[9] en la espalda. ¡Hombre!, esa gente no tiene el mínimo concepto de lo que es la buena educación,[10] la cortesía.

PEPE: Mira, Roberto. No todos somos iguales. Esa es su manera de ser. No hay que tomarlo a mal.[11] No son tan ceremoniosos como nosotros. En inglés, ni siquiera[12] existe ninguna diferencia entre el "tú" y el "usted".

ROBERTO: Es posible que tengas razón. Si yo tuviera más contacto con ellos, tal vez no pensaría así. En efecto, no creo que sean tan malos como algunos autores los pintan.

PEPE: Ya te contaré cuando vuelva de mi viaje.

---

[3] **interés** *m.*   self interest
[4] **inversión** *f.*   investment
[5] **nivel de vida**   standard of living
[6] **estancia**   stay, sojourn
[7] **estrechar la mano**   to shake hands

[8] **chicle** *m.*   chewing gum
[9] **dar palmaditas**   to pat (*one's back*)
[10] **educación** *f.*   upbringing
[11] **tomar a mal**   to take (something) the wrong way
[12] **ni siquiera**   not even

Preguntas

1. ¿Por qué no le gustaría a Roberto ir a los Estados Unidos?
2. ¿Por qué cree Pepe que los norteamericanos son caritativos?
3. ¿Qué han hecho en Hispano-América las grandes compañías norte-americanas?
4. ¿Qué beneficio trae a un país la inversión de capital?
5. ¿Qué crítica tiene Roberto acerca de algunos comerciantes norte-americanos que han vivido en Hispano-América?
6. ¿Qué le da al norteamericano un aire simpático?
7. Según Roberto, ¿qué les falta a los norteamericanos?
8. ¿Cuál es una diferencia entre los hispanos y los norteamericanos?
9. ¿Cómo se manifiesta esta diferencia en el idioma?
10. Mencione algunos errores que tiene Roberto en su concepto del norteamericano. ¿Qué conceptos erróneos tiene Pepe?

Composición

1. Escriba Vd. un ensayo caracterizando a un grupo.
2. El concepto erróneo que tiene la gente de . . . (escoja Vd. un grupo.)
3. El peligro de hacer generalizaciones acerca de la gente.
4. ¿Cómo llega la gente a hacer generalizaciones acerca de un grupo?
5. ¿Cómo influyen las generalizaciones en nuestra opinión de otras gentes?

TEMA X

La diferencia entre las generaciones

No nos debe sorprender el hecho de que haya diferencias entre las generaciones. Las circunstancias en las cuales se han criado los jóvenes de hoy son radicalmente distintas a las que conocieron sus padres en su juventud. En los días escolares de los padres, la nación
5 estaba en crisis económica. La mayor parte de ellos lucharon en la Segunda Guerra Mundial y al regresar se aprovecharon de la expansión económica del país para adelantar sus interrumpidas carreras y para conseguir las comodidades que no tuvieron en su juventud. Se han sacrificado para asegurar que sus hijos no sepan lo
10 que es el sufrir, para que sus hijos reciban una educación que les ofrezca más seguridad de la que ellos han tenido. Pero los jóvenes de hoy parecen no apreciar el sacrificio de sus padres; se les acusa de ser ingratos y rebeldes.

Los jóvenes, por su parte, se quejan de la incomprensión de sus
15 padres. Dicen que la edad de los treinta marca una frontera entre las generaciones y que no se puede confiar en nadie que haya pasado esta edad. Lo incongruente de esta acusación es que en ninguna época anterior han tenido los jóvenes tanta influencia en la sociedad. Hay industrias dedicadas al mercado joven. Las compañías que venden
20 discos, por ejemplo, afirman que si no fuera por los adolescentes, su volumen de ventas sería solo un tercio de lo que es. Los modistas proponen nuevos estilos para complacer al gusto joven y el resultado es un éxito inmediato entre las personas de todas las edades, ya que nadie quiere parecer viejo. Hasta los bailes semiprimitivos
25 de los adolescentes son populares entre los adultos. También

en la política del país se imponen los jóvenes; en las elecciones los candidatos dan conferencias en las universidades en busca del apoyo de los estudiantes.

Tal vez la falta de comunicación entre las generaciones es, más bien, el resultado de un mal entendimiento. Ven los jóvenes en el 5 materialismo de sus padres un exceso de interés en acumular cosas que en sí no traen ninguna satisfacción. Algunos hombres, deseosos de ser buenos padres y de proveer lo mejor para sus hijos, se ven obligados a abandonar la familia para dedicarse a las necesidades de sus negocios. Algunos, aunque reciben buen sueldo, gastan más de lo 10 que ganan y otros no tienen tiempo de gozar del fruto de su trabajo. Los jóvenes no ven el porqué de tanto esfuerzo. Como a ellos nunca se les ha negado nada, no comprenden la inseguridad de la generación anterior. Llaman hipocresía a la manera de conformarse de los padres para mantener su posición. 15

¿Que los jóvenes son rebeldes? No hay nada nuevo en ello. Desde los tiempos antiguos, los autores han escrito de la impetuosidad de la juventud. Decía el filósofo inglés, Francis Bacon, a principios del siglo XVII, que los jóvenes se van a los fines sin considerar los medios. Ellos heredarán el futuro y por el momento rehusan comprometerse, 20 como creen que han hecho sus padres. El peligro está en rechazar todos los valores del pasado.

Vocabulario

abandonar to abandon; to neglect
adelantarse to get ahead
anterior previous; former; preceding
apoyo support, backing
asegurar to assure, insure
complacer to please
comprometerse to compromise oneself
confiar (en) to confide (in), trust
conformarse to conform, submit
conseguir to get, obtain
disco record
esfuerzo effort
gastar to spend (*money*)
gozar (de) to enjoy

heredar to inherit
imponer(se) to impose (oneself)
ingrato ungrateful
más bien rather
porqué *m.* reason, motive
proveer to provide
quejarse (de) to complain (of)
rebelde rebellious; **rebeldía** rebelliousness
rehusar to refuse
sueldo salary
tercio third
venta sale; **volumen de ventas** *m.* sales volume

Preguntas

1. ¿Cuáles fueron las circunstancias en las que se criaron los padres de los adolescentes de hoy?
2. ¿Para qué se sacrifican los padres?
3. ¿De qué se quejan los jóvenes?
4. ¿Qué influencia tienen los jóvenes en la moda, el baile, la política?
5. ¿Cómo se manifiesta el materialismo de los padres?
6. ¿Qué pierden algunos padres a causa de las necesidades de sus negocios?
7. ¿Por qué no comprenden los jóvenes la inseguridad económica de sus padres?
8. ¿Qué tienen que hacer los padres, a veces, para mantener su posición social o profesional?
9. ¿Qué se ha dicho siempre acerca de la juventud?
10. ¿Cuál es el peligro qué existe en la rebeldía de los jóvenes?

Apuntes Escogidos

I. Pronoun Objects of a Preposition

The pronouns that follow prepositions have the same form as the subject pronouns except for the first and second person singular **mí** and **ti**. There exists also, a neuter third person singular pronoun **ello**, which refers to an abstract idea or a preceding statement. The reflexive pronoun object of a preposition, **sí**, corresponds to the reflexive pronoun **se** used with verbs.

SINGULAR

El joven piensa en **mí**.	*The young man is thinking about me.*
El joven piensa en **ti**.	*The young man is thinking about you.*
El joven piensa en **él**.	*The young man is thinking about him.*
	The young man is thinking about it [el dinero].
El joven piensa en **ella**.	*The young man is thinking about her.*
	The young man is thinking about it [la carrera].
El joven piensa en **ello**.	*The young man is thinking about it. [something abstract: an idea, a statement or a situation].*
El joven piensa en **sí**.	*The young man is thinking about himself.*
El joven piensa en **Vd**.	*The young man is thinking about you.*

PLURAL

El joven piensa en **nosotros**.	*The young man is thinking about us.*
El joven piensa en **vosotros**.	*The young man is thinking about you.*
El joven piensa en **ellos (ellas)**.	*The young man is thinking about them.*
El joven piensa en **Vds**.	*The young man is thinking about you.*

Ejercicio

Repita la frase sustituyendo el pronombre que corresponda al complemento de la preposición.

1. El regalo es para Juan.
(para Elena / para mis padres / para las niñas / para ti y tu amigo / para Vd. y su esposa)

2. Mis padres no saben nada de mis amigos.

(de mí y de mi novia / del asunto / de mis planes / de mi decisión / de lo que hice)

NOTE: **Mí** and **ti** combine with the preposition **con** to form **conmigo** and **contigo**. The reflexive pronoun after a preposition is **sí**. With **con** it combines to form **consigo**.

Fueron al cine **conmigo**.	*They went to the movies with me.*
Quiero hablar **contigo**.	*I want to talk to you.*
Llevó el libro a casa **consigo**.	*He took the book home with him (himself).*

II. Comparisons of Inequality

To form simple comparisons of inequality, such as *more than* or *less than*, the expression in Spanish is **más que** or **menos que**. When **que** comes before a number, it becomes **de** unless the sentence is negative in which case it remains **que**. When the comparison involves more than one clause, **más de** or **menos de** is followed by **a. el que, la que**, etc. when what is being compared is a specific noun, and **b. lo que** when the comparison refers to an idea.

Los jóvenes saben **más que** sus padres.	*Young people know more than their parents.*
Juan tiene **más de** veinte y un años.	*John is more than twenty-one years old.*
Juanita no tiene **más que** dieciocho años.	*Jane is only (not more than) eighteen years old.*
Las ropas de los jóvenes son **más** elegantes **de las que** nosotros llevábamos.	*Young people's clothes are more elegant than those we used to wear.*
Algunos gastan **más de lo que** ganan.	*Some people spend more than [what] they earn.*

Ejercicio

Haga Vd. frases de comparación según el modelo.

a. MODELO

La profesora cubana lleva alhajas. La profesora norteamericana lleva alhajas.

La profesora cubana lleva más alhajas que la profesora norteamericana.

1. Roberto es inteligente. Pepe es inteligente.
2. Yo tengo trabajo. Vd. tiene trabajo.
3. Los jóvenes aprenden rápidamente. Los adultos aprenden rápidamente.

   b. MODELO
   Juan recibió una beca. Juan recibió más de una beca.

1. Vendió su coche por cien dólares.
2. Hay veinte alumnos en la clase.
3. Dos millones de habitantes viven en la ciudad.

   c. MODELO
   Los jóvenes reciben atención. (merecen)
   Los jóvenes reciben más atención de la que merecen.

1. Juan tiene dinero. (necesita)
2. El profesor nos da ejercicios. (podemos hacer)
3. El jefe dicta cartas. (la secretaria puede escribir en un día)

   d. MODELO
   El almacén es grande. (Vd. puede imaginarse)
   El almacén es más grande de lo que Vd. puede imaginarse.

1. El alumno es aplicado. (El profesor cree)
2. Hemos leído mucho. (necesitábamos leer)
3. Anoche volvieron tarde. (debían)

III. ¿ Cuál? vs. ¿ Qué?

The interrogative pronoun ¿**cuál**? means *which* (*one*). However, it is often translated into English by *what*. It is used **a.** before the verb **ser** and **b.** before the preposition **de.** ¿**Qué**? is both an interrogative adjective and pronoun. As an interrogative adjective it may be rendered in English by *which*.

a. ¿**Cuál** es la edad de la razón?   *What* (*which one*) *is the age of reason?*
b. ¿**Cuál** de los jóvenes tiene razón?   *Which* (*one*) *of the young men is right?*

¿**Qué** joven es razonable?   *What* (*which*) *young person is reasonable?*

NOTE: ¿**Cuál**? stresses selection, and ¿**qué**? definition. When asking for a definition ¿**Qué**? is used with **ser**.

¿**Qué** es la diferencia entre las generaciones?

What is the generation gap?

¿**Cuál** es la diferencia entre las generaciones?

What is the difference between the generations? (Which characteristics make them different?)

Ejercicio

Haga preguntas de las siguientes declaraciones.

a. MODELO
Esta es la canción más popular hoy día.
¿Cuál es la canción más popular hoy día?

1. Este es el libro que necesitamos.
2. Esta es la escuela de Ricardo.
3. Estos son los bailes más populares.

b. MODELO
Uno de los niños rompió la ventana.
¿Cuál de los niños rompió la ventana?

1. Algunos de sus amigos asisten a la universidad.
2. Uno de los alumnos tiene coche nuevo.
3. Algunos de los cursos que estudia son difíciles.

c. MODELO
Le gustan las películas extranjeras.
¿Qué películas le gustan?

1. Prefiero la clase de la mañana.
2. Vieron un programa de variedades.
3. Los alumnos leyeron una novela de la Revolución Mejicana.

d. MODELO
La psicología es el estudio de la mente.
¿Qué es la psicología?

1. La antropología es el estudio del hombre.
2. El estilo barroco es un estilo expresivo.
3. Un cuadrado es una persona que no sabe lo que pasa.

IV. Ser vs. Estar with Adjectives

Though both verbs are translated into English by the verb *to be*, they are not synonymous in Spanish. A distinction is made between the *state of being* (**estar**) and the *essence of being* (**ser**). **Ser** tells *what* something is, while **estar** tells *how* it is. **Ser** is used with the predicate nominative, that is, a noun or pronoun which gives information about the subject in terms of a quality it may possess or the category to which it pertains. When an adjective is used as a pronoun, as in the sentence **Juan es joven** (*John is a young man.*), it requires the use of the verb **ser**. If one were to say **Juan está joven**, he would imply that although John may not necessarily *be* young in years, he is youthful in appearance or physical condition. In this case **joven** is used as an adjective to describe *how* John is.

NOTE: Some adjectives undergo a change in meaning when they are used as pronouns with **ser**.

Mi tío **está alegre**.	*My uncle is happy.*
Mi tío **es alegre**.	*My uncle is cheerful (i.e., he is a happy man).*
Los alumnos **están listos**.	*The students are ready (for an examination, etc.).*
Los·alumnos **son listos**.	*The students are clever (ready in the sense of being quick witted).*

Ejercicio

Haga frases completas según el modelo.

a. MODELO
    El señor Burgos, abogado.
    El señor Burgos es abogado.

1. Carmen, maestra.
2. Nosotros, norteamericanos.
3. Los alumnos, inteligentes.
4. Los profesores de español, simpáticos.
5. Las ciudades más interesantes, antiguas.

b. MODELO
El agua   (fría).
El agua está fría.

1. La sopa   (caliente).
2. El profesor   (enfermo).
3. Los alumnos   (cansados).
4. Las calles de la ciudad   (desiertas).
5. El coche que compré hace dos años   (nuevo).

Breves Conversaciones en Resumen

A.

1. ¿Qué problema existe hoy?
   Existe el problema de la diferencia entre las generaciones. (y)
2. ¿Qué edad marca la frontera entre las generaciones?
   Los treinta años marcan el límite.
3. ¿Por qué?
   Porque los jóvenes dicen que no se puede fiar de nadie que haya pasado esta edad.
RESUMEN: . . .

B.

1. ¿Cómo son los bailes de los jóvenes?
   Los bailes de los jóvenes son semi-primitivos. (según)
2. ¿Quién dice eso?
   Los adultos. (aunque)
3. ¿Son peores de los que los adultos bailaban en su juventud?
   No son peores de los que bailaban ellos mismos en su juventud.
RESUMEN: . . .

C.

1. ¿Qué crítica tienen los adultos de los jóvenes?

Los adultos creen que los jóvenes son irresponsables. (e)

2. ¿Qué más?

Impetuosos también. (pero)

3. ¿Qué es lo que más les molesta?

Lo que más les molesta es su falta de respeto por las instituciones de la sociedad.

RESUMEN: . . .

D.

1. ¿Qué es lo que quieren los jóvenes?

Los jóvenes quieren ser independientes. (pero)

2. ¿Por qué no se independizan de sus padres?

Tienen que depender de sus padres por su sustento (*support*).

3. ¿Por qué no salen a trabajar?

Porque asisten a la escuela más tiempo que antes.

RESUMEN: . . .

E.

1. ¿Qué influencia tienen los jóvenes en la sociedad?

Los jóvenes tienen mucha influencia en la política. (y)

2. ¿Cómo se manifiesta?

Los candidatos buscan su apoyo.

3. Su apoyo, ¿en qué?

En las elecciones.

RESUMEN: . . .

 *Diálogo X*

ROBERTO: Hola, Pepe. ¿Podría yo pasar la noche en tu casa?

PEPE: Sí, hombre. ¡Cómo no! Pero ¿qué pasa?

ROBERTO: Tuve un disgusto[1] con mis padres y no quiero volver a casa.

ANA: Me extraña[2] mucho que digas eso. Tú eres siempre tan razonable.

ROBERTO: Sí, pero ya no puedo soportar[3] la falta de respeto en casa. Me tratan como un niño.

PEPE: Eso pasa en todas las familias, pero dejar el hogar . . . Debes pensarlo bien. Es un paso muy serio.

ANA: Cuántas veces he tenido yo ganas de hacerlo, pero no me atrevo. ¿Dónde vas a vivir?

ROBERTO: Voy a buscar un apartamento cerca de la universidad. Encontré ya un trabajo para los sábados y de noche durante la semana. Será suficiente para pagar mis gastos.

PEPE: ¿Qué dice tu mamá de la idea? La habrás herido[4] más de lo que te imaginas.

ROBERTO: Francamente, no le he dicho nada todavía. Ya sé que no le va a gustar, pero no hay otro remedio.

ANA: Yo sé lo que diría mi mamá. "Cuando yo era joven, no se contradecía[5] a los padres. Yo a tu edad, ni siquiera se me hubiera ocurrido tal cosa".

ROBERTO: Los padres creen que, porque nos han traído al mundo y nos han mantenido, pueden dictar la vida que hemos de llevar.

PEPE: Me sorprende oírte hablar de una manera tan rebelde.

ANA: Bueno, ¿no crees que tiene razón en hablar así?

---

[1] **disgusto**   quarrel
[2] **extrañarse**   to find strange
[3] **soportar**   to put up with
[4] **herir**   to hurt
[5] **contradecir**   to contradict

PEPE: Yo conozco a los padres de Roberto. No me parecen muy exigentes.

ANA: Vaya, no se puede fiar de[6] nadie que haya pasado los treinta.

ROBERTO: ¡En efecto! Ya se han olvidado de lo que es ser joven. No piensan como nosotros y además, ¿para qué nos sirve su experiencia?

ANA: Muy bien dicho, Roberto. El mundo de hoy es bastante diferente del que ellos conocieron en su juventud.

PEPE: Es comprensible que uno prefiera aprender de su propia experiencia, pero no todo lo que dicen los padres es absurdo. Hay algunas cosas que no cambian tanto como nos parece.

ANA: ¿Qué cosas, por ejemplo?

PEPE: ¿Qué cosas? Bueno, cuando tu padre dice que no debes llevar faldas tan cortas, te lo dice por tu propio bien. Yo estoy de acuerdo con él.

ROBERTO: No es tanto lo que dicen, sino la manera de decirlo. Cuando un joven llega a la madurez, se le debe tratar con más respeto.

PEPE: El respeto es precisamente lo que piden los viejos.

ANA: Debe haber respeto mutuo en todas las relaciones humanas.

---

[6] **fiarse (de)**   to trust

Preguntas

1. ¿Por qué quiere Roberto pasar la noche en la casa de Pepe?
2. ¿Qué crítica tiene Roberto de sus padres?
3. ¿Cuáles son los planes de Roberto?
4. ¿Por qué se sorprenden Ana y Pepe de la actitud de Roberto?
5. ¿Por qué no se puede fiar de nadie que haya pasado los treinta años, según Ana y Roberto?
6. ¿Tienen razón los padres alguna vez?
7. ¿Qué es lo que le molesta más a Roberto en cuanto a sus padres?
8. ¿Qué desean recibir los jóvenes? ¿Los viejos?
9. ¿Qué debe haber en todas las relaciones humanas?
10. ¿Quién trata de ser razonable en esta discusión? ¿Cuál es la actitud de Ana?

Composición

1. La falta de comprensión entre padres e hijos.
2. La crítica que tienen los jóvenes de la generación anterior.
3. ¿Es la diferencia entre las generaciones tan seria como la pintan algunos autores?
4. La influencia de los jóvenes en la política. En la economía.
5. La crítica o la defensa de los nuevos bailes.

TEMA XI

Crítica de las universidades

El progreso, cada vez más dinámico y complejo de la sociedad en general, está afectando todos los aspectos de la vida universitaria. La crítica común es que aunque la universidad ha llevado a cabo tantos cambios en el mundo que la rodea, paradójicamente rehusa
5 adaptarse al mundo que ha ayudado a crear. Tanto los profesores como los estudiantes piden más voz en la administración de la universidad. Existen dudas sobre la calidad y sobre el contenido de la enseñanza que los alumnos están recibiendo.

Se pregunta si las universidades están, en realidad, preparando a
10 los jóvenes para un mundo que está en rápida transformación. Algunas de las carreras que se estudian hoy, desaparecerán dentro de veinte años. En el futuro, el hombre necesitará sólo la mitad del trabajo que hace hoy para mantenerse; todos gozarán de más horas libres. Hay que enseñar al alumno a aprender por sí mismo. Lo necesitará para
15 adaptarse profesionalmente a los adelantos que tendrán lugar en su especialidad y también para que sepa emplear sus horas de ocio.

Además, los problemas sociológicos y aun tecnológicos requieren ser analizados desde puntos de vista inter-disciplinarios para ser resueltos. La universidad, con su organización cristalizada en departamentos, ha tardado en preparar planes de estudios que ofrezcan al alumno el conocimiento de varias disciplinas.

Un aspecto de la educación que ha recibido poca atención es el de los valores personales del estudiante. La desintegración de las instituciones del pasado y la mobilidad de la vida de hoy aleja al hombre 5 de sus raíces. En búsqueda de una nueva moralidad, el alumno rechaza la del pasado, llena, a su parecer, de contradicciones e incompatible con la vida moderna. Las universidades han hecho poco para ayudarle a encontrar una nueva ética.

Algunos aspectos más concretos de la crítica son: 10

a. El sistema de evaluación del alumno. No es válido para el propósito de estimular al alumno a esforzarse.

b. Los requisitos. No permiten al alumno estudiar otras asignaturas de acuerdo con sus intereses. No le dan la oportunidad de explorar sus capacidades. 15

c. No se le ofrece al alumno una variedad de cursos bastante amplia.

d. A veces, por razones de economía, hay tantos alumnos en las clases que el estudiante se siente perdido.

e. Se le exige tanto al profesor en cuanto a estudios y publicaciones 20 que la enseñanza se ha dejado en un plano secundario.

Algunas universidades han tomado medidas para corregir los defectos más obvios de nuestro sistema de enseñanza. Otras están tratando de hacer modificaciones en su propio sistema. Pero hay que tener en cuenta que un proceso de "instrucción" significa 25 transmisión de la cultura del pasado al presente con el propósito de preparar para el futuro. Cuando el presente es inestable y el futuro incierto, es difícil decidir cuáles aspectos del pasado deben ser transmitidos.

Vocabulario

adelanto advance, progress
alejar to estrange; **alejarse de** to move away from
búsqueda search
cabo end; **llevar a cabo** to carry out
calidad quality; grade
crear to create
esforzarse to exert oneself

mitad *f.* half
obvio obvious
ocio leisure
ofrecer to offer
propio (one's) own
raíz *f.* root
resolver to resolve; **resuelto** resolved
requisito requirement; requisite

rodear to surround

Preguntas

1. ¿Cuál es la crítica común de las universidades?
2. ¿Qué desean los profesores y los estudiantes?
3. ¿Qué sucederá en algunas carreras que se estudian hoy?
4. ¿Qué clase de investigaciones exigen algunos de los problemas sociológicos?
5. ¿Qué busca el joven de hoy? ¿Le han ayudado las universidades a encontrar lo que busca?
6. ¿Cuáles son algunas limitaciones del "currículum" actual?
7. ¿Cuáles son las condiciones que ponen la enseñanza en un plano secundario en algunas universidades?
8. ¿Qué podrían hacer las universidades para mejorar el sistema de enseñanza?
9. ¿Cuál es el significado de la palabra "instrucción"?
10. ¿Por qué es difícil determinar qué se debe enseñar?

Apuntes Escogidos

I. Mitad vs. Medio

Although both **mitad** and **medio** mean *half*, they differ in usage. **Mitad** is a noun and is used to refer to "the half of something or some group''. **Medio**, on the other hand, is an adjective and agrees with the noun it modifies. It can also be used as an adverb to modify an adjective.

La **mitad** de la clase no está contenta.	*Half of the class is not content.*
El profesor habló por **media** hora.	*The teacher spoke for half an hour.*
Los alumnos estaban **medio** dormidos.	*The students were half asleep.*

Ejercicio

Cambie la frase según las indicaciones.

1. La mitad de los alumnos no están de acuerdo.
   (de los profesores / de los críticos / de las universidades / de la clase / del mundo)
2. Para preparar la solución, se necesita medio miligramo de sal.
   (media libra de azúcar / media cucharada de pimienta / medio litro de alcohol / medio kilo de mantequilla)
3. La clase está medio asustada.
   (medio divertida / medio terminada / medio vacía / medio cansada)

II. y → e, o → u

For dissimilation of sound, the word **y** (*and*) changes to **e** if the following word begins with the sound of **i**. Likewise **o** (*or*) changes to **u** if it is followed by a word beginning with the sound of **o**.

padre **e** hijo	*father and son*
emocional **e** intelectualmente	*emotionally and intellectually*
uno **u** otro	*one or the other*
créditos **u** horas	*credits or hours*

Ejercicio

Cambie Vd. el orden de palabras en las siguientes frases, según el modelo.

a. MODELO
   Estudiamos historia y matemáticas.
   Estudiamos matemáticas e historia.

1. Investigamos y analizamos los datos.
2. La clase es interesante y divertida.

3. Carmen es inteligente y bonita.
4. El profesor nos da instrucciones y órdenes.

b. MODELO
Me gusta la casa ordenada o limpia.
Me gusta la casa limpia u ordenada.

1. Su cumpleaños es en octubre o noviembre.
2. Hoy o mañana habrá un examen.
3. No sabemos nada de sus obras o ideas.
4. Este muchacho debe de ser obstinado o impertinente.

III. Porque vs. A causa de

Both **porque** and **a causa de** mean *because*. **Porque** is a conjunction and, thus, serves to connect two clauses. **A causa de** is a preposition and must be followed by a noun.

No hubo escuela ayer **porque** nevó.	*There was no school yesterday because it snowed.*
No hubo escuela ayer **a causa de** la nieve.	*There was no school yesterday because of the snow.*

Ejercicio

Cambie Vd. las siguientes frases según el modelo.

MODELO
No asistimos a las clases porque había una huelga estudiantil.
No asistimos a las clases a causa de la huelga estudiantil.

1. No pude dormir porque había mucho ruido.
2. Llegamos tarde porque había mucho tráfico.
3. Los trenes están tardando porque hay una huelga.
4. No voy a comprar un coche porque los precios están muy altos.
5. Volvieron temprano porque hacía frío.

IV. Probability

Probability can be expressed in Spanish by **deber de**, which is sometimes simplified to **deber** by itself. This idiom can be used to express probability in the past, present, or future and is conjugated accordingly.

Verbs in the *future* and *conditional* may also be used to express probability: **a.** the *future* tense to express probability in the present; **b.** the *conditional,* the *future perfect,* and the *conditional perfect* to express probability in the past.

Los alumnos **deben de** estar contentos.	*The students must be happy.*
Los alumnos **estarán** contentos.	*The students must be happy.*
Para estar tan contentos, **debían de sacar** buenas notas.	*To be so happy, they must have gotten good marks.*
Para estar tan contentos, **sacarían** buenas notas.	*To be so happy, they must have gotten good marks.*
Para estar tan contentos, **habrán sacado** buenas notas.	*To be so happy, they must have gotten good marks.*
Para estar tan contentos, **habrían sacado** buenas notas.	*To be so happy, they must have gotten good marks. (in a more remote past)*

NOTE: In English, the word *must* can imply probability or obligation. If it implies obligation, it is translated by **tener que** or **haber que**.

Ejercicio

Cambie Vd. las siguientes frases según el modelo.

a. MODELO
Es probable que sea buen estudiante.
Debe de ser buen estudiante.
Será buen estudiante.

1. Es probable que tenga mucho dinero.
2. Es probable que haya una huelga.
3. Es probable que haga buen trabajo.
4. Es probable que no se sienta bien.
5. Es probable que los bancos no estén abiertos.

b. MODELO
  Probablemente no salieron bien en el curso.
  No saldrían bien en el curso.

1. Probablemente fracasaron en el examen.
2. Probablemente el profesor estaba ocupado.
3. Probablemente era de buena calidad.
4. Probablemente se esforzó mucho.
5. Probablemente tenía los requisitos.

c. MODELO
  Es probable que hayan abierto nuevas escuelas.
  Habrán abierto nuevas escuelas.

1. Es probable que hayan resuelto el problema.
2. Es probable que haya dicho la verdad.
3. Es probable que hayas hecho un error.
4. Es probable que hayan visto la película.
5. Es probable que Lope lo haya escrito.

Breves Conversaciones en Resumen

A.

1. ¿Es verdad que no hay clases hoy?
  Sí, no hay clases hoy.
2. ¿Por qué no?
  A causa del motín.
3. ¿Qué motín?
  El de los estudiantes.
RESUMEN: . . .

B.

1. ¿Quiénes están en huelga?
   La mitad de los alumnos están en huelga.
2. ¿Contra quién?
   Contra la administración. (a causa de)
3. ¿Cuál es la causa?
   Los nuevos requisitos.
RESUMEN: . . .

C.

1. ¿No está Vd. contento con el "currículum"?
   No, no estoy contento con el "currículum".
2. ¿Por qué?
   Porque es limitado e inflexible. (y)
3. ¿Por qué dice Vd. eso?
   No le permite a uno explorar varios campos de estudio al mismo tiempo.
RESUMEN: . . .

D.

1. Deben los alumnos planear el "currículum"?
   No, los alumnos no deben planear el "currículum".
2. ¿Por qué no?
   Porque sería incongruente.
3. ¿Incongruente?
   Sí, si ellos decidieran lo que se debe enseñar.
RESUMEN: . . .

E.

1. ¿Deben las universidades estimular la actividad política?
   Las universidades deben alejarse de la política.
2. ¿Por qué dice Vd. eso?
   Porque su función es transmitir la cultura del pasado. (para)
3. ¿Qué propósito tiene esta información?
   Dar al alumno la perspective para comprender el presente.
RESUMEN: . . .

Diálogo XI

DR. MEJÍAS: ¡Ah, Roberto! Me alegro mucho que hayas vuelto a verme. ¿Cómo estás?

ROBERTO: Bastante bien, doctor. Sólo vine para despedirme de[1] Vd. Vd. ha sido el único miembro de la facultad en esta universidad con quien he tenido yo la oportunidad de hablar.

DR. MEJÍAS: No me digas que piensas abandonar tu carrera. Sería un gran error.

ROBERTO: Ya no puedo más.[2] Me aburren[3] las clases y me siento perdido en ellas.

DR. MEJÍAS: Sí, es una lástima que las del primer año estén tan llenas. Pero es cuestión de economizar; no hay remedio para ello. Más tarde cuando entres en tu especialización, las clases serán más pequeñas.

ROBERTO: Quizás,[4] pero ¿quién quiere esperar hasta entonces? Con todo lo que está pasando en el mundo hoy día, encuentro la escuela demasiado alejada de la vida.

DR. MEJÍAS: Eso decían los estudiantes que se amotinaron[5] el semestre pasado, pero no tenían razón.

---

[1] **despedirse (de)** to say good-bye
[2] **no poder más** not to be able to go on *or* put up with more
[3] **aburrir** to bore
[4] **quizás** perhaps
[5] **amotinarse** to riot, rebel

ROBERTO: El estudiante de hoy es mucho más maduro que el de antaño, quien se dedicaba a la vida social de las fraternidades. El de hoy busca algo más que la simple preparación profesional.

DR. MEJÍAS: Tienes una idea errónea acerca del estudiante de hace diez o veinte años, y además estás equivocado[6] en tu concepto de la enseñanza. Será que te habrás dejado influenciar por esos líderes[7] estudiantiles que buscan un camino fácil a la gloria agitando[8] a los revoltosos.[9]

ROBERTO: Me da pena[10] contradecirle a Vd., Dr. Mejías, pero ésos que Vd. llama revoltosos están motivados por altos ideales. Se organizan para manifestar su descontento con las condiciones actuales de la sociedad. Critican la indiferencia y el alejamiento de sus profesores en cuanto a los problemas del país. También quieren subir el nivel de la enseñanza,[11] haciéndola corresponder más a las necesidades del mundo moderno.

DR. MEJÍAS: No logran nada cuando interrumpen el proceso educativo. El alejamiento y la tranquilidad son necesarios para examinar cualquier problema social objetivamente. Hay que analizar las cosas por las perspectivas del pasado, presente, y porvenir para entenderlas.

ROBERTO: De cualquier modo, yo me estoy retirando[12] de la universidad. No quiero saber más de los falsos valores del pasado.

DR. MEJÍAS: Hay que comprender bien lo que eran, antes de llamarlos falsos. ¿No acabas de hablar de los problemas de la sociedad? ¿Crees que estarás en mejor posición de resolverlos sin educación? ¿Estarás en buena posición de resolver aun tus propios problemas sin recibir el bachillerato?[13]

ROBERTO: Quizás tenga Vd. razón. No debo ser tan impetuoso. Voy a ver.

DR. MEJÍAS: Muy buena idea. Pasa por la oficina cuando quieras y hablaremos más.

---

[6] **equivocado** mistaken, wrong
[7] **líder** *m.* leader
[8] **agitar** to agitate, stir up
[9] **revoltoso** mischievous; rebellious
[10] **darle pena a** to regret, be sorry

[11] **enseñanza** education
[12] **retirar** to withdraw
[13] **bachillerato** baccalaureate, B.A. degree

Preguntas

1. ¿Por qué ha pasado Roberto por la oficina del Dr. Mejías?
2. ¿A qué decisión ha llegado Roberto? ¿Por qué?
3. ¿Por qué están las clases del primer año tan llenas?
4. ¿Por qué cree Roberto que el estudiante de antaño era menos maduro que el de hoy?
5. ¿Cómo ha llegado Roberto a tener las opiniones que tiene?
6. ¿Qué ideales tienen los líderes estudiantiles?
7. ¿Qué se necesita para examinar los problemas sociales?
8. Según el Dr. Mejías, ¿por qué no debe Roberto retirarse de la universidad?
9. ¿Con quién hablaría Vd. si llegara a la decisión de retirarse de la escuela?
10. ¿Podría Vd. darle a Roberto otra razón para no abandonar sus estudios?

Composición

1. Deben las universidades participar más en la política del país?
2. El sistema de evaluación: sus méritos y defectos.
3. Algunos aspectos de la administración de la escuela en que se debe permitir la participación estudiantil.
4. Algunos defectos de nuestro sistema educativo.
5. Lo que significa para mí la palabra "instrucción".

Las humanidades

Recuerdo una cena en la cual estaba presente una señora joven, atractiva e interesante, en cuyos ojos brillaba una sensibilidad intensa. El ama de casa nos dijo que la dama era artista y al saberlo, uno de los convidados le preguntó: "¿Cómo le complace a Vd. el ser inútil?" El que le hizo la pregunta es ingeniero, pero no de esos que 5 ve el mundo simplemente en términos técnicos. Canta, toca la guitarra y entiende de arte. No se burlaba de la artista; al contrario se compadecía de ella por el poco aprecio que la gente tiene por el arte. Su pregunta tocaba una verdad llena de ironía.

El arte, en efecto, no tiene utilidad. Tampoco tienen utilidad la 10 música, la literatura, la filosofía y la historia. El conocimiento de estas disciplinas no nos protege de los elementos, ni nos da de comer. Pero, ¿qué sería la vida sin arte y sin música? ¡Qué insípida es una comida cuando se prepara y se sirve sin gracia!

Las nobles hazañas del hombre están grabadas en la historia, los 15 nobles pensamientos en la literatura. Nuestros sentimientos más profundos, los sentimientos que no podemos expresar con palabras, encuentran voz en la música. Nuestros sueños y nuestros recuerdos encuentran forma en el arte.

En la poesía se encuentra la síntesis de la experiencia humana. Su 20 materia prima es la vida y el poeta es un individuo raro dotado de la capacidad de poner en palabras las emociones que todos sentimos. En

los momentos trágicos de la vida, cuando la tristeza nos toca con el deseo de apartarnos de todo contacto humano, cuando estamos más solos, si leemos la poesía de alguien que ha pasado por lo mismo, encontramos consuelo. Al saber que otros han tenido las mismas
5 reacciones al amor, a la muerte, a la naturaleza, o a lo que sea, ya no nos sentimos tan solos en la vida.

Aprendiendo de la literatura y de la historia, de las dificultades que otros han tenido que vencer, nuestros problemas ya no nos parecen tan imposibles de soportar. El heroísmo de otros nos ins-
10 pira a cometer actos heroicos de no menos gloria.

Se ha dicho que el historiador sueña con lo que fue el pasado. Soñadores también son los filósofos y los poetas. Pero todo en la vida es sueño. El científico sueña con el provecho que sus descubrimientos traerán al mundo. Aun el comerciante necesita soñar; las
15 industrias más grandes de hoy brotaron de sueños en el pasado. Como dice Segismundo, personaje principal de *La vida es sueño* de Calderón:

> "¿Qué es la vida? una ilusión,
> una sombra, una ficción,
> y el mayor bien es pequeño;
20 que toda la vida es sueño,
> y los sueños, sueños son."

Vocabulario

apartarse to withdraw
apreciar to appreciate
aprecio appreciation
brillar to shine
brotar (de) to stem (from)
cena supper
científico scientist
cometer to commit
compadecer (de) to sympathize with
conocimiento knowledge
convidado guest

convidar to invite (*usually to a meal*)
dotar to endow (*with powers or talents*)
grabar to record; to engrave
hazaña deed, exploit
insípido tasteless, insipid
inútil useless
materia prima raw material
proteger to protect
provecho benefit; profit
sensibilidad *f.* sensitivity, sensitiveness
sombra shade

vencer to conquer; to overcome

Preguntas

1. ¿Quiénes estaban convidados a una cena?
2. ¿Qué le preguntó el ingeniero a la dama?
3. ¿Cómo es una comida servida sin gracia?
4. ¿Qué se encuentra grabado en la historia? ¿ En la literatura?
5. ¿Cuál es la materia prima de la poesía?
6. ¿Cómo nos consuela la poesía?
7. ¿Cómo nos inspira la historia?
8. ¿Con qué sueñan los historiadores? ¿Los científicos?
9. ¿De qué se han formado las empresas (*enterprises*) comerciales?
10. Según Calderón, ¿qué es la vida?

Apuntes Escogidos

I. Demonstrative Pronouns

The demonstrative pronouns have the same form as the demonstrative adjectives in the masculine and the feminine. The demonstrative pronouns, **esto, eso,** and **aquello** are neuter and refer to ideas or statements. The following chart summarizes the forms:

SING.	MASC.	FEM.	NEUTER	PLURAL	MASC.	FEM.
this	éste	ésta	esto	*these*	éstos	éstas
that	ése	ésa	eso	*those*	ésos	ésas
(near the person spoken to)						
that	aquél	aquélla	aquello	*those*	aquéllos	aquéllas
(remote from both speaker and person spoken to)						

Accentation

The masculine and feminine forms of the demonstrative pronouns
have until recently required a written accent on the initial **e** and on the
e of **aquel**, etc. A recent decision by the *Academia Real de la Lengua*
states that the accent mark need not be used, if there is no risk of
ambiguity.

Ejercicio

*Reemplace Vd. la frase por el pronombre demostrativo que corresponda,
según el modelo.*

a. MODELO
   Me gusta este cuadro y el que está cerca de Vd.
   Me gusta este cuadro y ése.

1. Acabo de leer esa revista y la que tengo a mi lado.
2. Esta casa es más bonita que la que está allí.
3. Bécquer escribió estas leyendas y las que Vd. tiene en su libro.
4. Mi padre le compró a mi hermano ese coche y a mí me compró el que
   tengo.
5. Estos periódicos son más informativos que los del interior.

b. MODELO
   No entendemos lo que Vd. dice.
   No entendemos eso.

1. ¿Comprende Vd. lo que digo?
2. Todo lo del pasado me interesa mucho.
3. Mi amigo me escribió de lo que sucedió en Caracas.
4. ¿Quieren Vds. probar lo que acabo de preparar?
5. Fue suspendido de la universidad a causa de ello.

II. The Preterite and the Imperfect

The difference between these two tenses is basically that of the concept of completion of action in the past. The word "imperfect", in terms of grammar means "incomplete". The preterite is used for those actions which have been completed. The simple past in English can be used for both types of action, hence the Spanish reveals a distinction not expressed by the English past tense. In telling a story, the preterite is used to relate the action that took place and the imperfect to set the background. The preterite is sometimes referred to as the *past of narration,* and the imperfect as the *descriptive past.*

NOTE: **nos dijo** — *she told us* (completed action)

era artista — *she was an artist* (incomplete action — she may still be an artist)

Fuimos juntos a la escuela.	*We went to school together (on a particular occasion or over a period of time if this is viewed as a whole).*
Íbamos juntos a la escuela.	*We went to school together. We used to go to school together. We would go to school together (customarily).* *We were going to school together. (We were on the way there. No indication of arrival.)*

Ejercicio

Cambie al imperfecto los verbos en las siguientes frases.

1. Juan canta muy bien.
2. Ellos tocan la guitarra.
3. Ella es atractiva.
4. El profesor está ausente.
5. No puedo expresar lo que siento.

Cambie al pretérito los verbos en las siguientes frases, añadiendo las palabras entre paréntesis.

1. El profesor nos hace muchas preguntas. (ayer)
2. El soldado lucha heróicamente. (en la batalla)
3. Los alumnos vienen tarde a la clase. (esta mañana)
4. Tengo mucho trabajo que hacer. (anoche)
5. Voy a casa de Ana. (la semana pasada)

III. Definite Article with Generalizations

The definite article is used in Spanish and English when referring to a specific person or thing, e.g., *the teacher* — **el profesor.** When making a generalization, Spanish retains the definite article, while English does not.

La vida es sueño.	*Life is a dream.*
Los poetas son soñadores.	*Poets are dreamers.*

Ejercicio

Cambie Vd. la frase para hacer una generalización, según el modelo.

MODELO
A Fernando le gusta la poesía de García Lorca.
A Fernando le gusta la poesía.

1. Los jóvenes no saben nada de la vida de sus padres.
2. La historia de la Edad Media es interesante.
3. Las nobles hazañas del Cid nos inspiran.
4. Aprendemos mucho de los libros que leemos.
5. El amor del hombre por su prójimo es divino.

IV. Preguntar, Pedir, Hacer una pregunta, and Preguntar por

The verb **preguntar** means *to ask* in the sense of asking for information. **Pedir** means *to ask for something*; **hacer una pregunta,** *to ask a question*; **preguntar por,** *to ask for* or *about someone* or *something*.

El ingeniero **preguntó** si era artista.	*The engineer asked if she was an artist.*
Le **pedí** a la azafata un vaso de agua.	*I asked the stewardess for a glass of water.*
El profesor nos **hace** muchas **preguntas.**	*The teacher asks us many questions.*
Le **preguntamos por** su viaje.	*We asked him about his trip.*
Cuando abran la puerta, **pregunte por** Jorge.	*When they open the door, ask for George.*

Ejercicio

Cambie Vd. la frase según el modelo.

a. MODELO
Le preguntaron si iba con ellos.
Le pidieron ir con ellos.

1. Le preguntaron si reparaba los televisores.
2. Le preguntaron si cantaba.
3. Le preguntaron si tocaba el piano.
4. Le preguntaron si recitaba sus versos.
5. Le preguntaron si preparaba la cena.

b. MODELO
Le hice muchas preguntas acerca de su familia.
Le pregunté por su familia.

1. Le hice muchas preguntas acerca de su novio.
2. Le hice muchas preguntas acerca de su amiga.
3. Le hice muchas preguntas acerca de su progreso en la escuela.
4. Le hice muchas preguntas acerca de sus planes.
5. Le hice muchas preguntas acerca de la novela que estaba escribiendo.

Breves Conversaciones en Resumen

A.

1. ¿A quién has convidado a la cena?
   Convidé a César y a una artista. (los cuales)
2. ¿Harán buena pareja?
   Sí, harán buena pareja. (porque)
3. ¿Cómo lo sabes?
   Sé que él aprecia el arte.

RESUMEN: . . .

B.

1. ¿Qué te preguntó este señor?

Este me preguntó si era artista. (y)

2. ¿Te hizo más preguntas?

Sí, quería saber mi opinión del arte moderno. (pero)

3. ¿Le dijiste lo que piensas?

No le contesté porque no me gusta hablar de eso.

RESUMEN: . . .

C.

1. ¿Por qué tenemos que estudiar la historia?

Aprendemos mucho de la historia. (y aun)

2. ¿Qué utilidad tiene?

Se ha dicho que el que no la estudia está condenado.

3. ¿Condenado a qué?

A repetir los errores del pasado.

RESUMEN: . . .

D.

1. ¿Oíste el concierto de Brahms en la radio anoche?

No, no oí el concierto anoche. (aunque)

2. ¡Qué lástima!

Sí, me gusta la música clásica.

3. ¿Por qué no lo escuchaste?

Porque no tenía tiempo.

RESUMEN: . . .

E.

1. ¿Ibas al teatro a menudo cuando eras joven?

Sí, iba al teatro a menudo, pero ahora no. (porque)

2. ¿Por qué no vas ahora?

Piden mucho por las entradas. (y por eso)

3. ¿Qué haces para divertirte?

Prefiero ir al cine.

RESUMEN: . . .

Diálogo XII

PEPE: ¿Vieron Vds. en la televisión el lanzamiento[1] del cohete[2] esta mañana? Dicen que llegará a la luna dentro de treinta y seis horas.

ROBERTO: Tremendo, ¿no? Creí que se iba a quemar[3] la plataforma de lanzamiento. La cápsula que hará la tercera etapa[4] del vuelo pesa diez toneladas.[5] Imagínate la potencia[6] del empuje[7] de los motores.

PEPE: Sí. ¿Qué combustible usarán?

ANA: Vaya, Vds. los hombres siempre hablando de cosas técnicas.

PEPE: Pero, Ana, es un gran acontecimiento.[8]

ANA: ¿Qué importa si llegan a la luna o no? ¿Qué provecho da eso?

ROBERTO: No digas eso Ana. El progreso de la ciencia es de gran beneficio para el hombre, aunque no sintamos en seguida el efecto de los últimos adelantos.

ANA: En algunos casos, sí. Sobre todo cuando se trata de descubrimientos médicos. Pero existen todavía problemas sociales que merecen atención, como la pobreza y la opresión política.

PEPE: La tecnología está ayudando a resolver estos problemas. Por ejemplo, se está empleando la energía atómica para proveer electricidad.

ROBERTO: Esto cambiará la estructura de la economía mundial. Las naciones subdesarrolladas[9] por falta de carbón o potencia hidroeléctrica ahora tendrán electricidad para fomentar la industria.

ANA: Yo no entiendo nada de eso. Sólo sé que con todo este progreso técnico, el hombre no ha aprendido a vivir mejor con su prójimo.

---

[1] **lanzamiento** launching
[2] **cohete** *m.* rocket
[3] **quemar** to burn
[4] **etapa** stage
[5] **tonelada** ton

[6] **potencia** power
[7] **empuje** *m.* thrust
[8] **acontecimiento** event
[9] **subdesarrolladas** underdeveloped

Pepe: ¿Y qué propones tú para mejorar la vida del hombre? ¿La poesía?

Ana: La idea no sería tan ridícula como te parece. Los poetas eran hombres que sufrían por la humanidad. Nos enseñaron a ver el mundo con simpatía, a sublimar nuestras pasiones, a compartir[10] las penas de otros.

Pepe: No te dejes engañar[11] por las palabras bonitas. Ha habido poetas y artistas tan crueles como los demás hombres.

Ana: Tal vez no lo hubieran sido, si se apreciara su obra.

Roberto: Pepe, yo creo que Ana tiene razón. No sólo de pan vive el hombre.

Pepe: Sí, pero tampoco vive sin pan.

---

[10] **compartir** to share   [11] **engañar(se)** to deceive (oneself)

Preguntas

1. ¿Qué vio Pepe en la televisión esta mañana?
2. ¿Cuánto pesa la cápsula del cohete?
3. ¿De qué actividad de los hombres se queja Ana?
4. ¿Por qué no considera importante los vuelos espaciales?
5. ¿Para qué se emplea la energía atómica hoy día?
6. ¿Qué ventaja da a las naciones en desarrollo la energía atómica?
7. ¿Qué lección no ha aprendido todavía el hombre?
8. ¿Qué nos han enseñado los poetas?
9. ¿Por qué han sido crueles algunos poetas?
10. ¿Cree Vd. que Ana tiene razón? ¿Por qué?

Composición

1. El valor del estudio de las humanidades.
2. El arte en la vida diaria.
3. La correspondencia de la música al ritmo de vida de hoy.
4. Los cursos de humanidades que deben ser obligatorios para el bachillerato, y el contenido de estos cursos.
5. Las contribuciones de las ciencias sociales. ¿Hasta qué punto son ciencias?

TEMA XIII

El análisis de una obra

El creador de una obra de arte es como un mago. A través de sus palabras y sus imágenes nos da una sensación de realidad que evoca en nosotros risa, lágrimas, deseos eróticos, furia o simpatía. En un plano más intelectual, nos hace reflexionar o presenta una enseñanza, a veces, moral.

Para que nosotros reaccionemos a una obra, sea emocional o intelectualmente, el autor y el artista tienen que captar nuestro interés. Todo su arte está en la manera de estimular nuestro deseo de mirar, oír o leer su obra. Ésta es su magia.

Lo fundamental es nuestra reacción a la obra, pero sucede que a veces sentimos la necesidad de comparar una obra con otra, de evaluarla. Muchas obras requieren un estudio analítico para ser comprendidas. Además, para el hombre culto no basta decir me gusta o no me gusta; tiene la obligación moral de dar razones por su reacción. Por eso, hay que saber analizar una obra. Lo que sigue se refiere más específicamente a la literatura, pero los mismos principios podrían aplicarse a la música o a las artes gráficas.

En la discusión de una pieza, antes que nada, hay que separar los elementos externos de los internos. Esto no quiere decir que los elementos externos no tengan valor. Los elementos externos

137

se refieren al fondo histórico, el cual influye mucho en la obra.

Como la base de la literatura es la vida, las condiciones sociales, económicas, políticas, y la filosofía en vigor en la época, todo encuentra su eco en la prosa y en la poesía. La personalidad del autor y sus propias experiencias en la vida se proyectan también en su obra. 5

Pero para que la obra perdure a través del tiempo, tiene que ser de interés universal. La obra tiene que tener su propia existencia. Aunque el lector no sepa nada de la época en que fue escrita o de la vida del autor, la obra tiene que comunicarle algo. 10

El análisis interno estudia la forma y el contenido del texto literario. El contenido se refiere a la acción, a los personajes y a la transcendencia moral. La forma se refiere a la estructura de la obra y a su lenguaje, es decir, la manera en que el autor presenta el contenido. Los estetas se interesan más que todo en la forma, porque al fin y al 15 cabo es la forma la que hace de la materia una obra de arte.

Las crónicas de la época cuentan las hazañas del Cid. Esto pertenece a la historia, pero el poeta que escribió la epopeya, creó una obra de arte de estos datos. *El poema de Mío Cid* pertenece a la literatura. ¿Por qué? Por la forma, por la magia que su autor empleó para 20 hacernos sufrir con el Cid su destierro y la separación de su mujer e hijas. Compartimos también con el héroe, el estruendo de la batalla y la gloria de su triunfo final.

Vocabulario

base *f.* basis
bastar to suffice, be enough
captar to captivate
contenido contents
crónica chronicle
culto cultured, educated
datos *m. pl.* data
destierro exile, banishment
epopeya epic poem
esteta *m.* aesthetician

estruendo din
fondo background
magia magic
mago magician
perdurar to last long
pieza piece; work of art, music, *or* literature, play
propio one's own
risa laughter
vigor: en vigor in force, in effect

Preguntas

1. ¿A qué se parece el creador de una obra de arte? ¿Por qué?
2. ¿Qué tienen que hacer el autor y el artista para que reaccionemos a su obra?
3. ¿Por qué es necesario analizar una obra?
4. ¿Cómo se dividen los elementos de una obra?
5. ¿Cuáles son los elementos externos?
6. ¿Qué debe haber en una obra para que perdure?
7. ¿Cuáles son los elementos internos de una obra literaria?
8. ¿A qué se refieren los críticos cuando hablan de la forma de una obra?
9. ¿Cuál es la diferencia entre las crónicas que relatan las hazañas del Cid y la epopeya *El poema de Mío Cid?*
10. ¿Qué sentimos al leer el poema?

Apuntes Escogidos

I. Formation of Adverbs

Adverbs describe the *how, when,* or *where* of an action. They modify verbs, adjectives or another adverb. Most adverbs of manner are formed by adding the suffix **-mente** to the feminine singular form of the adjective. When two or more adverbs are used to modify the same verb or adjective, the suffix **-mente** is attached to the last adverb only.

Escribe **poética y artísticamente.**	*He writes poetically and artistically.*
Reaccionamos **emocional o intelectualmente.**	*We react emotionally or intellectually.*

Ejercicios

Cambie Vd. la frase según el modelo.

a. MODELO
Juan es analítico. (piensa)
Juan piensa analíticamente.

1. El poeta es sincero. (escribe)
2. Los jóvenes son impetuosos. (actuan)
3. El Cid fue valiente. (luchó)

b. MODELO

Hay que analizar la obra cuidadosamente. Hay que analizar la obra objetivamente.

Hay que analizar la obra cuidadosa y objetivamente.

1. Reaccionó subjetivamente. Reaccionó emocionalmente.
2. Le criticaron sarcásticamente. Le criticaron impertinentemente.
3. Le aplaudieron sinceramente. Le aplaudieron calurosamente.

II. The Absolute Superlative

The suffix **-ísimo** when attached to adjectives or adverbs signifies the absolute degree of a particular quality. It is not used to distinguish one person or thing out of a group as the superlative normally does. It can be translated into English by *a most,* or *very.*

POSITIVE DEGREE

Ésta es una canción **bella.**　　　*This is a beautiful song.*

COMPARATIVE DEGREE

Esta canción es **más bella** que ésa.　　*This song is more beautiful than that one.*

SUPERLATIVE

Ésta es la canción **más bella de** las que tocaron.　　*This is the most beautiful song that they played.*

ABSOLUTE SUPERLATIVE

Ésta es una canción **bellísima.**　　*This is a most beautiful song.*

Ejercicio

Cambie al superlativo absoluto, según el modelo.

MODELO
Esta novela es muy larga.
Esta novela es larguísima.

1. Este libro es muy interesante.
2. Los padres de María son ricos.
3. Magdalena es una niña muy buena.
4. Ricardo es un muchacho muy guapo.
5. Las calles son muy estrechas. (*narrow*)

III. Por + Adjective + Que + Subjunctive

This construction is equivalent to English, *no matter how* + adjective + *it may be* (or *have been*). The tense of the subjunctive is the same as the English.

Por mucho que cueste, tengo que comprar ese libro.

No matter how much it may cost, I have to buy that book.

Por difícil que haya sido, valió la pena leer el libro.

No matter how difficult it may have been, it was worth while reading the book.

Ejercicio

Cambie Vd. la frase según el modelo.

a. MODELO

La película es interesante. No voy al cine esta noche.
Por interesante que sea la película, no voy al cine esta noche.

1. Fernando es rico. Mayda rehusa salir con él.
2. Los alumnos son listos. No pueden engañar al profesor.
3. La historia es vasta. No les interesa a algunos.

b. MODELO

Las crónicas exageraban mucho. La gente las creía.
Por mucho que exageraran las crónicas, la gente las creía.

1. Juan estudiaba mucho. No sacaba buenas notas.
2. Me despertaba temprano. Nunca llegaba a la escuela a tiempo.
3. Nos sentíamos mal. Seguíamos trabajando.

c. MODELO

Juan ha tenido muchos problemas. Los ha vencido.
Por muchos problemas que haya tenido Juan, los ha vencido.

1. Los políticos han roto muchas promesas. La gente todavía tiene confianza en ellos.
2. Ester ha visto muchas exposiciones. No comprende nada del arte.
3. Marta le ha escrito muchas cartas. No ha recibido contestación.

NOTE: In the last group of sentences, the adjective modifies the noun object of the verb, thus the construction becomes **por** + adjective + noun + **que** followed by the subjunctive.

IV. Nada and Nadie after Comparatives and the Preposition Sin

In Spanish, the negatives **nada** and **nadie** are used after comparatives and the preposition **sin**. English uses the indefinites *anything* or *anyone* in such cases.

Más que nada, quiero ser artista.	*More than anything (else), I want to be an artist.*
Ella canta **mejor que nadie.**	*She sings better than anyone (else).*
Entramos en el teatro **sin pagar nada.**	*We entered the theater without paying anything.*
Tomamos nuestros asientos **sin hablar a nadie.**	*We took our seats without talking to anyone.*

Ejercicio

Cambie Vd. la frase según el modelo.

a. MODELO
  Me gusta la poesía más que la música.
  Me gusta la poesía más que nada.

1. Me interesa la historia más que las ciencias.
2. Le gusta la música más que el arte.
3. Nos falta el tiempo más que el dinero.

b. MODELO
  Juanita toca el piano mejor que Dorotea.
  Juanita toca el piano mejor que nadie.

1. Esteban pinta mejor que Pablo.
2. Ricardo sabe más que Roberto.
3. Enrique tiene más dinero que Paco.

c. MODELO
  Salió de casa sin ponerse el sombrero.
  Salió de casa sin ponerse nada.

1. Volví a casa sin gastar dinero.
2. Me acosté sin comer la cena.
3. Se sentaron a charlas sin comprar café.

d. MODELO
Hizo todo el trabajo sin la ayuda de su hermano.
Hizo todo el trabajo sin la ayuda de nadie.

1. Compramos la casa sin pedir el consejo de nuestros padres.
2. Se declararon en huelga sin escuchar al jefe del sindicato.
3. Subieron al tren sin esperar a sus amigos.

Breves Conversaciones en Resumen

A.

1. ¿Qué te pareció la película?
   La película me impresionó muchísimo. (porque)
2. ¿Qué te gustó más de ella?
   La actriz que hizo el papel de María.
3. ¿Por qué te gustó tanto?
   Actuó sensible y excelentemente.
RESUMEN: . . .

B.

1. ¿Fuiste a la exposición de arte del Museo Nacional?
   Sí. Siempre voy a las exposiciones de arte.
2. ¿Siempre?
   Sí. Por malos que sean los cuadros. (porque)
3. ¿Te gustan los pintores modernos?
   Sí, son interesantísimos.
RESUMEN: . . .

C.

1. ¿Qué novelas te interesan más?
   Me interesan las novelas del siglo XIX. (porque)
2. Pero el estilo de éstas es anticuado.
   Los temas son universales. (y)
3. ¿No encuentras difíciles sus pensamientos?
   Son profundísimos.
RESUMEN: . . .

D.

1. ¿Qué piensas de los dramas del Siglo de Oro?
Los dramas son buenísimos. (y)
2. ¿A pesar de la repetición del concepto del honor?
Por mucho que se repita el concepto del honor.
3. Para mí, todos los dramas se parecen.
La acción es bastante variada.
RESUMEN: . . .

E.

1. ¿Cuál es tu poeta favorito?
Me gusta Bécquer más que nadie. (porque)
2. ¿Por qué?
Dice cosas tan bellas y profundas.   (y)
3. ¿Y su estilo?
Su lenguaje es sencillísimo.
RESUMEN: . . .

Diálogo XIII

ANA:	Bueno, ¿qué te pareció la película?
PEPE:	Salgamos primero y luego hablamos. ¡Mira, qué muchedumbre!¹ ¿Te has fijado,² Roberto?
ROBERTO:	La gente siempre corre así a ver a Ángela Carrasco. Es la estrella más brillante del cine español.
PEPE:	Es guapísima. ¡Qué ojos! ¡Qué silueta!³
ROBERTO:	Sí. ¡Qué lástima que no pudimos conseguir mejores asientos!
ANA:	El actor que hizo el papel del soldado también era guapo.
PEPE:	Sí, pero no actuó bien. Era tan exagerado en todos sus gestos.
ROBERTO:	En efecto. Todo el arte está en dar al público la impresión de que el actor es el mismo personaje que está representando. Por ejemplo, el protagonista.⁴ ¡Qué bien desempeñó su papel! Se podría creer que estaba verdaderamente enamorado de la dama. Se sentía la intensidad de su emoción.
ANA:	Sí, pero se veía ridículo en aquella escena con el marido de su amante.
PEPE:	Es que la trama⁵ era ridícula. Él hizo bien su papel.
ROBERTO:	Es verdad, pero eso de los desafíos y lo duelos de honor ya no tiene ningún interés para el espectador moderno.
PEPE:	Yo no diría eso. ¿Estarías tú conforme⁶ si tu esposa tuviera un amante?
ANA:	¡Pepe! Los celos⁷ son una cosa, pero, ¡sacar un revólver y matar a la pobre mujer! Eso es de la época de Calderón.⁸

---

¹ **muchedumbre** f. crowd
² **fijarse en** to notice
³ **silueta** f. figure
⁴ **protagonista** m. hero
⁵ **trama** plot

⁶ **estar conforme** to be resigned
⁷ **celos** m. pl. jealousy
⁸ **Pedro Calderón de la Barca** (1600– 1681) *dramatist, many of whose plays deal with the theme of honor*

PEPE: Tal vez la sociedad ha cambiado, pero el hombre no. Los celos y el honor son temas universales, por muy cosmopolita que uno se crea.

ROBERTO: Yo no digo que los celos ya no existen, pero el código que exigía que el marido agraviado borrara[9] la mancha[10] a su honor con sangre, es inverosímil[11] para nuestra época.

ANA: Muy bien dicho, Roberto. Pepe no lo encuentra mal porque es celosísimo.

PEPE: ¿Y tú?

ANA: ¡Claro que lo soy! ¿Crees tú que yo soportaría lo que antes tenían que aguantar[12] las mujeres?

ROBERTO: Vamos a tomar un refresco. Creo que la conversación se ha alejado demasiado de la simple crítica de una película.

---

[9] **borrar** to erase
[10] **mancha** stain, stigma

[11] **inverosímil** unrealistic; improbable
[12] **aguantar** to endure

Preguntas

1. ¿Por qué había mucha gente en el cine?
2. ¿Cuáles son los atractivos de Ángela Carrasco?, según Roberto.
3. ¿Por qué no actuó bien el que hizo el papel del soldado?
4. ¿Qué impresión debe dar al público un buen actor?
5. Según Roberto, ¿qué tema ya no tiene interés para el espectador moderno?
6. ¿Por qué cree Pepe que este tema es de interés universal?
7. Según el código de honor, ¿qué tenía que hacer un marido agraviado si su mujer le era infiel?
8. ¿Por qué tiene Pepe las opiniones que tiene?
9. ¿Por qué estaría Ana más dispuesta a aceptar las opiniones de Roberto que las de Pepe?
10. ¿Han reaccionado objetivamente a la película, Pepe, Roberto, y Ana? ¿Por qué dice Vd. eso?

Composición

1. Escriba un breve análisis de una película o novela.
2. Comente Vd. los cuadros de algún pintor.
3. Critique o defienda el arte abstracto.
4. Algunos críticos dicen que la discusión de los elementos externos de una obra no tiene ningún valor. ¿Cuál es su opinión?
5. Compare Vd. la obra de dos escritores, pintores, o compositores de música.

TEMA XIV

La propaganda

Dondequiera que uno vaya, no puede escaparse de la propaganda. En la televisión, la radio, los periódicos, las revistas, los autobuses, las carreteras ... por todas partes aparecen anuncios recomendando los beneficios de tal producto, o la superioridad de tal servicio. ¡Compre! ¡Use! ¡Vea! son las órdenes que recibimos constantemente. 5 Para lucir más elegante, para progresar en nuestra carrera, para ahorrar dinero, para ser más modernos, más varoniles, o más femeninas. debemos aprovecharnos de la oferta de tal o cual producto.

En gran parte, la propaganda se dirige a las inquietudes subconscientes que todos sentimos. La pobre ama de casa se preocupa por la 10 limpieza para que otros no piensen mal de ella, para que su familia esté sana. Al padre de familia se dirigen los anuncios de las compañías de seguros; "¿Podrán sus hijos asistir a la universidad, si algo imprevisto le sucede?" "¿Puede estar seguro en su coche si no usa las llantas o las bujías tal y tal? Y Vd., jovencita, ¿tendrá Vd. posibilidad 15 de casarse, si no se lava con tal y tal jabón, si no usa tal perfume?"

Aun los niños, quienes no tienen dinero propio para gastar, reciben mensajes como: "Pide a tus padres que te compren para las Navidades, para tu cumpleaños, tal juguete, tal muñeca"; o "Sé tan

fuerte como los otros muchachos, dile a tu mamá que te dé para el desayuno tal cereal".

A veces, los anuncios son informativos o nos divierten, pero la mayor parte del tiempo insultan la inteligencia del espectador y del
5 lector. Las agencias de publicidad se dan cuenta de esto, pero les importa poco o nada con tal que el nombre del producto sea repetido a menudo. Además, como son las compañías las que pagan por sus servicios, las agencias de publicidad tienen poca responsabilidad para con el público. Hay una comisión federal para revisar las
10 actividades de las agencias, pero sólo se preocupa por la propaganda fraudulenta.

Se plantea la pregunta si las agencias podrían emplear su capacidad para subir el nivel cultural del público. No cabe duda que han aumentado el nivel de consumo hasta el punto en que se halla hoy día. La
15 publicidad ha llevado a cabo una verdadera revolución de expectativas en todas partes del mundo. Todos anhelan los productos que ven anunciados, productos que aseguran triunfos amorosos, sociales y profesionales; productos que son símbolos de éxito y elegancia. ¿No se podría también hacer propaganda para valores más espirituales?

Vocabulario

agencia de publicidad *f.* advertising agency
anhelar to long for
anuncio advertisement
aumentar to raise, increase
bujía spark plug
caber to fit; **no cabe duda** there is no room for doubt
carretera highway
consumo consumption
cumpleaños *m.* birthday
desayuno breakfast
dondequiera wherever, anywhere

expectativa expectancy
imprevisto unforeseen
inquietud *f.* anxiety
jabón *m.* soap
limpieza cleanliness
llanta tire
oferta offer; **oferta y demanda** supply and demand
plantear to raise (*a question*)
propaganda advertising
revisar to check, review
tal o cual *or* **tal y cual** such and such
varonil manly

Preguntas

1. ¿Qué vemos siempre en la televisión y en los periódicos?
2. Según la propaganda, ¿por qué debemos usar los productos que nos ofrecen?
3. ¿Por qué prestamos tanta atención a la propaganda?
4. Dé un ejemplo de cómo la propaganda inquieta nuestro subconsciente.
5. ¿Cómo estimula la propaganda las ventas entre los niños?
6. ¿Por qué no les importa a las agencias de publicidad la opinión del público?
7. ¿Con qué fin revisa el gobierno las actividades de las agencias de publicidad?
8. ¿Qué podrían hacer, si quisieran, las agencias de publicidad?, según el autor.
9. ¿Qué cambio de actitud ha efectuado la propaganda en todo el mundo?
10. ¿Por qué deseamos los productos anunciados en la televisión, etc.?

Apuntes Escogidos

I. Quiera as a Suffix

Quiera, the imperfect subjunctive of **querer** may appear as a suffix in the following cases to indicate an indefinite antecedent.

como	*how*	**comoquiera**	*how(so)ever*
cual(es)	*which, what*	**cual(es)quiera**	*whatever, whichever*
donde	*where*	**dondequiera**	*wherever*
quien(es)	*whom*	**quienquiera**	*who(m)ever*

Pronouns and adverbs combined with **-quiera** require the subjunctive when they are followed by **que** because the antecedent is indefinite. Note how **quiera**, itself in the subjunctive, conveys the mood of uncertainty.

Cualquiera haría lo que yo he hecho.	*Anyone would do what I have done.*
Comoquiera que escriban el anuncio, tendrán éxito.	*They will be successful no matter how they write the advertisement.*
Dondequiera que estés te hallaré.	*Wherever you are, I will find you.*
Quienquiera que sea, no abras la puerta.	*Don't open the door no matter who it is.*

NOTE: **Cualquiera**, used as an adjective, may drop the final **-a** when it precedes the noun it is modifying.

Cualquier cosa que yo haga me sale mal.	*Whatever (Anything) I do turns out wrong.*

Ejercicio

Cambie Vd. la frase, según el modelo.

a. MODELO
Por bien que escriba, siempre rechazan sus obras.
Comoquiera que escriba, siempre rechazan sus obras.

1. Por mal que toque el piano, quieren oírle.
2. Por bien que haga sus lecciones, nunca recibe buenas notas.
3. Por mal que hablen de mí, no me importa.

b. MODELO

No importa donde lo haya leído, no es verdad.

Dondequiera que lo haya leído, no es verdad.

1. No importa donde hayas oído esto, es mentira (*lie*).

2. No importa donde lo hayan puesto, lo encontraré.

3. No importa donde hayas viajado, no sabes nada del mundo.

c. MODELO

No importaba quien le invitara, no salía de casa.

Quienquiera que le invitara, no salía de casa.

1. No importaba quien le hablara, no decía nada.

2. No importaba quien le dijera algo, se ofendía.

3. No importaba quien tomaran en su lugar, no podían reemplazarle.

II. Cualquiera vs. Alguien

Both **cualquiera** and **alguien** may be translated into English by *anyone*. However, **alguien** refers to a specific person, whereas **cualquiera** refers to anyone at all or *whoever*. In this sense **cualquiera** is really a shortened form of **cualquier persona.**

Si **alguien** llama, dígale que no estoy.

If someone (definite) *calls, tell him I'm not in.*

Cualquiera que llame, dígale que no estoy.

Whoever (*Whatever person*) *calls, tell him I'm not in.*

NOTE: The example with **cualquiera** is more emphatic and all inclusive.

Alguien la invitará a bailar.

Someone will ask her to dance.

Cualquiera la invitaría a bailar.

Anyone would ask her to dance.

Ejercicio

Cambie la frase según el modelo.

a. MODELO

Alguien sabe la respuesta.

Cualquiera sabe la respuesta.

1. Alguien se preocupa por la casa.

2. Alguien lee esta revista.
3. Alguien compra sus productos.

   b. MODELO
     Alguna mujer usará este jabón.
     Cualquier mujer usaría este jabón.

1. Algún anuncio será informativo.
2. Algún vestido le quedará bien.
3. Alguna carrera le gustará.

III. Commands and True Imperatives

The present subjunctive is used to form polite commands, affirmative and negative, and familiar commands in the negative. The first person plural of the present subjunctive is used to express an imperative wish, such as *let us* followed by the verb.

The familiar commands in the affirmative have the same form as the third person singular of the present indicative, except in a limited number of irregular verbs. The affirmative command for **vosotros** is formed by dropping the **-r** of the infinitive and replacing it with **-d.** There are no irregular forms for the second person plural.

HABLAR		COMER	
COMMANDS (Subjunctive Forms)	TRUE IMPERATIVE	COMMANDS (Subjunctive Forms)	TRUE IMPERATIVE
no hables (tú)	habla (tú)	no comas (tú)	come (tú)
(no) hable Vd.		(no) coma Vd.	
(no) hablemos		(no) comamos	
no habléis (vosotros)	hablad (vosotros)	no comáis (vosotros)	comed (vosotros)
(no) hablen Vds.		(no) coman Vds.	

The more common irregular imperatives in the singular are

DECIR	**di**	SALIR	**sal**
HABER	**he**	SER	**sé**
HACER	**haz**	TENER	**ten**
IR	**ve**	VALER	**val**
PONER	**pon**	VENIR	**ven**

NOTE: **Vamos** is used as the affirmative first person plural command. The negative form is **no vayamos.**

Direct and indirect objects and reflexive pronouns are attached to affirmative, commands, familiar and polite. If the command is in the negative the personal pronoun is placed before the verb form. When the reflexive pronoun **os** is attached to the affirmative **vosotros** command, the **-d** of the verb form is dropped, e.g., **lavaos, vestíos.** The one exception is **idos** (*go away*). The **-s** of the first person plural affirmative command is dropped before **nos** (e.g. **sentémonos, levantémonos**).

Ejercicios

a. *Cambie al imperativo de* **tú** *los siguientes mandatos en* **Vd.**

1. Dígame la verdad.
2. Tenga cuidado.
3. Vuelva temprano.
4. Llámenos mañana.
5. Salga en seguida.
6. Hágame el favor.
7. Diviértase Vd.
8. Siéntese Vd.
9. Venga acá.
10. Váyase Vd.

b. *Cambie los siguientes imperativos del negativo al afirmativo.*

1. No vendas el coche.
2. No le compres un reloj.
3. No te levantes.
4. No te pongas el sombrero.
5. No lo hagas así.
6. No te vistas ahora.
7. No la invites al baile.
8. No escribas más.
9. No te vayas.
10. No le digas el secreto.

c. *Cambie del negativo al afirmativo.*

1. No os sentéis.
2. No vengáis tarde.
3. No la llaméis por teléfono.
4. No pongáis la radio.
5. No dejéis propina (*tip*).
6. No le miréis.
7. No esperéis.
8. No nos digáis eso.
9. No sirváis el café ahora.
10. No os vayáis.

d. *Haga Vd. exhortaciones de las siguientes frases.*

MODELO

Le escribimos a menudo.

Escribámosle a menudo.

1. Le saludamos al entrar en la tienda.
2. Lo tomamos con vino.
3. Venimos tarde.
4. Tenemos paciencia.
5. No le mandamos el dinero.
6. Lo decimos siempre.
7. No le pedimos más favores.
8. Conseguimos un buen puesto.
9. No nos lavamos las manos.
10. Nos sentamos cerca de la ventana.

e. *Haga exhortaciones de las siguientes frases:*

1. Nos despertamos temprano.
2. Nos desayunamos en el hotel.
3. Nos entendemos bien.
4. Nos divertimos esta noche.
5. Nos vestimos a la última moda.

IV. Position of Adjectives

The meaning of some adjectives in Spanish depends on whether they precede or follow the noun. Descriptive adjectives follow the noun. When they precede they have **a.** a figurative meaning, **b.** they express an inherent quality of the noun. Articles, numerals, indefinites, demonstrative and possessive adjectives precede the noun.

los hospitales grandes	*the big hospitals*
los grandes hospitales	*the great hospitals*
la pobre mujer	*the poor (unfortunate) woman*
la mujer pobre	*the poor (not rich) woman*
un viejo amigo	*an old (of long-standing) friend*
un amigo viejo	*an old (elderly) friend*
un nuevo coche	*a new car (though it may be second-hand)*
un coche nuevo	*a new car (unused)*

Ejercicio

*Haga frases nuevas, según el modelo. Decida Vd. donde poner el adjetivo,
de acuerdo con el significado de la segunda frase.*

MODELO
El televisor es nuevo. Es el último diseño que acaban de fabricar. (*manufacture*)
Es un televisor nuevo.

1. La compañía es grande. Tiene muchas sucursales. (*branches*)
2. El niño es pobre. Heredó un millón de dólares, pero perdió a sus padres.
3. Este amigo es grande. Haría cualquier cosa por él.
4. Este traje es viejo. Hace tres años que lo compré.
5. El sombrero es nuevo. Aunque hace mucho tiempo que lo tengo, Vd.
no lo ha visto.

Breves Conversaciones en Resumen

A.

1. ¿Dónde se ven anuncios?
   Dondequiera que uno vaya, ve anuncios. (que)
2. ¿Qué dicen los anuncios?
   Dicen que compremos tal producto.
3. ¿Por qué debemos comprarlo?
   Para progresar o ser más elegantes.
RESUMEN: . . .

B.

1. ¿A qué se dirigen los anuncios?
   Se dirigen a las inquietudes subconscientes.
2. ¿De quién?
   De cualquier persona.
3. ¿Por qué?
   Para hacerle comprar algún producto.
RESUMEN: . . .

C.

1. ¿Qué dicen los anuncios a los niños?
   Los anuncios dicen: "Dile a tu mamá que te compre cereal".
2. ¿Cereal? ¿Para qué?
   Para ser fuerte. (y)
3. ¿Por qué quieren ser fuertes los niños?
   Para no tener miedo de los muchachos grandes.

RESUMEN: . . .

D.

1. ¿Qué miedo en el hombre explotan las agencias?
   Explotan el temor de lo imprevisto.
2. ¿Por qué?
   Para vender pólizas de seguro.
3. ¿A quiénes?
   A los padres de familia.

RESUMEN: . . .

E.

1. ¿Qué preguntas se han hecho acerca de la propaganda?
   Se pregunta si la propaganda puede subir el nivel cultural.
   (como)
2. ¿Qué ha logrado la propaganda?
   Ha subido el nivel de consumo.
3. ¿Cómo se lograría eso?
   Dando publicidad a los grandes valores espirituales.

RESUMEN: . . .

Diálogo XIV

ROBERTO: Hola Pepe. ¿Qué tal?

PEPE: Bueno, bastante bien, ¿y tú?

ROBERTO: Regular. ¿Qué pasa? ¡Te ves un poco desanimado![1]

PEPE: Sí, hombre. Tengo que vender mi coche y me da pena.

ROBERTO: Ya me imagino. Es un buen coche. ¿Cuánto pides por él?

PEPE: Mil quinientos dólares. Es una ganga. Está nuevo todavía ¿Conoces a alguien que quiera comprarlo?

ROBERTO: No, a nadie. ¿Por qué no pones un anuncio en el periódico? Haz propaganda como hacen las compañías grandes. De esa manera se estimula el interés por un producto.

PEPE: Es una buena idea. No había pensado en eso. ¿Cuesta mucho ponerlo en el periódico? Yo no sé nada de esas cosas.

ROBERTO: No, al contrario, muy poco. Creo que costará unos quince dólares, poco más o menos, por viernes, sábado y domingo. Estos son los mejores días porque la gente está en casa y los que desean comprar un coche no tendrán inconveniente[2] en venir a ver el tuyo, si les interesa el anuncio.

PEPE: Sí, y también podría ir yo a la casa de ellos, si es que no tienen coche para venir a la mía.

ROBERTO: Yo te sugiero[3] que le des lustre con cera[4] para que luzca[5] mejor.

PEPE: ¡Hombre, tú sabes como mantengo yo el coche! ¡Mira las llantas, están nuevas y hace dos meses lo llevé a un mecánico para que revisara el motor! Ajustó los frenos y puso nuevas bujías. Lo demás estaba en perfecta condición.

ROBERTO: Perdóname, tienes razón en ofenderte. Bueno, yo me voy; te deseo mucha suerte.

PEPE: ¡Hombre, no te vayas todavía! Necesito tu ayuda para componer[6] el anuncio. ¿En qué sección del periódico irá?

---

[1] **desanimado** discouraged, downhearted
[2] **inconveniente** *m.* objection
[3] **sugerir** to suggest
[4] **cera** wax
[5] **luzca**: *pres. subj. of* **lucir** to shine; to appear
[6] **componer** to compose

Roberto: En la sección de avisos limitados.[7] Se debe mencionar en el
anuncio la marca[8] del coche, el año, y las comodidades[9] que
posee. Espera un momento. Miremos los avisos en el periódico
de hoy para ver si hay uno que nos pueda servir de modelo . . .
He aquí uno:
> "Ford, 1969, cupé, automático, dirección hidráulica,[10]
> frenos de poder, radio, calefacción,[11] excelente estado,
> poco recorrido, un sólo dueño, teléfono 35-31-23."

Pepe: Guarda este anuncio. Vamos a la oficina del periódico. La
descripción del coche queda perfecta para el mío.

---

[7] **aviso limitado** *m.* want-ad
[8] **marca** make; trademark
[9] **comodidad** *f.* convenience

[10] **dirección hidráulica** *f.* power steering
[11] **calefacción** *f.* heating system; heater

Preguntas

1. ¿Por qué está Pepe desanimado?
2. ¿Por qué sería una ganga comprar el coche de Pepe?
3. ¿Cuál es la mejor manera de vender algo rápidamente?
4. ¿Cuales son los mejores días para poner un anuncio en el periódico, si
uno quiere vender su coche?
5. ¿Qué hay que hacer de vez en cuando a un coche para que se vea
mejor?
6. ¿Para qué llevó Pepe el coche a un mecánico?
7. ¿Qué hizo el mecánico?
8. ¿Para qué necesita Pepe la ayuda de Roberto?
9. ¿Qué debe poner en el anuncio?
10. Dé una descripción de su coche o del de un amigo, siguiendo el modelo
del anuncio.

Composición

1. Prepare Vd. publicidad y trate de vender un producto a la clase.
2. Analice Vd. un anuncio que le haya gustado.
3. Los valores positivos de la propaganda.
4. La molestia de la propaganda en la televisión o en las revistas, etc.
5. ¿De qué manera podría la propaganda subir el nivel cultural de la
gente?

TEMA XV

Una lección del Antiguo Testamento: Eclesiastés

Capítulo I

2. Vanidad de vanidades, dijo el Cohelet; vanidad de vanidades, todo es vanidad.

3. ¿Qué provecho saca el hombre de todo por cuanto se afana debajo del sol?

4. Pasa una generación y viene otra, pero la tierra es siempre la misma.

7. Los ríos van todos al mar, y la mar no se llena;

8. Todo trabaja más de cuanto el hombre puede ponderar, y no se sacia el ojo de ver ni el oído de oír.

17. Di, pues, mi mente a conocer la sabiduría . . . y vi que también esto es apacentarse de viento,

18. Porque donde hay mucha ciencia hay mucha molestia, y creciendo el saber crece el dolor.

Capítulo II

1. Dije en mi corazón: "Ea, probemos la alegría, a gozar los placeres".

3. Me propuse regalar mi carne con el vino, mientras daba mi mente a la sabiduría, . . . hasta llegar a saber qué fuese para el hombre lo mejor de cuanto acá abajo se hace durante los contados días de su vida.

4. Emprendí grandes obras, me construí palacios, me planté viñas . . .

8. Amontoné plata y oro . . .

10. Y de cuanto mis ojos me pedían, nada les negué. . . .

11. Entonces miré todo cuanto habían hecho mis manos y todos los afanes que al hacerlo tuve, y vi que todo era vanidad . . .

12. Me volví a mirar a la sabiduría, a la estulticia, a la necedad, . . .

13. Y vi que la sabiduría sobrepuja la ignorancia cuanto la luz a las tinieblas.

14. El sabio tiene ojos en la frente y el necio anda en tinieblas. Vi también que una misma es la suerte de ambos.

15. Y dije en mi corazón: "También yo tendré la misma suerte del necio ¿por qué, pues, hacerme sabio, qué provecho sacaré de ello?"

16. . . . Muere, pues, el sabio igual que el necio.

17. Por eso aborrecí la vida al ver que cuanto debajo del sol se hace, todo es vanidad y apacentarse de viento,

24. No hay para el hombre cosa mejor que comer y beber y gozar de su trabajo, y vi que esto es don de Dios.

25. Porque ¿quién puede comer y beber sino gracias a Él?

Capítulo III

1. Todo tiene su tiempo y todo cuanto se hace debajo del sol tiene su hora.

2. Hay tiempo de nacer y tiempo de morir;

4. tiempo de llorar y tiempo de reír;

7. . . . tiempo de callar y tiempo de hablar,

8. tiempo de amar y tiempo de aborrecer; tiempo de guerra y tiempo de paz.

11. Todo lo hace Él apropiado a su tiempo y ha puesto además en el alma la idea de perduración, sin que pueda el hombre descubrir la obra de Dios desde el principio hasta el fin.

16. Otra cosa he visto debajo del sol: que en el puesto de la justicia está la injusticia, y en el lugar del derecho, la iniquidad.

17. Por eso me dije: Dios juzgará al justo y al injusto, porque hay un tiempo destinado para todo y para toda obra.

Capítulo IV

4. Vi también que todo trabajo y cuanto de bueno se hace mueve la envidia del hombre contra su prójimo. También esto es vanidad . . .

6. Más vale una sola mano llena en reposo que las dos llenas en trabajo y en vanos afanes.

Capítulo VII

1. Mejor es el buen nombre que el oloroso ungüento, . . .
5. Mejor es oír el reproche de un sabio que escuchar las cantilenas de los necios . . .
8. . . . mejor es el de ánimo calmo que el irascible.
9. No te apresures a enojarte, porque la ira es propia de necios.
13. Contempla la obra de Dios, porque ¿quién podrá enderezar lo que Él torció?
14. En el día del bien goza del bien, y en el día del mal reflexiona que lo uno y lo otro lo ha dispuesto Dios, de modo que el hombre nada sepa de lo por venir.
21. Tampoco apliques tu corazón a todo lo que se dice, para no tener que oír a tu siervo decir mal de ti.
22. Sabe muy bien tu conciencia que tú muchas veces has hablado mal de otros.

Capítulo IX

9. Goza de la vida con tu amada compañera todos los días de la fugaz vida que Dios te da bajo el sol, porque ésa es tu parte en esta vida entre los trabajos que padeces debajo del sol.
10. Cuanto bien puedas hacer, hazlo alegremente, porque no hay en el sepulcro adonde vas, ni obra, ni industria, ni ciencia, ni sabiduría.

Capítulo XI

1. Echa tu pan en las aguas, que después de mucho tiempo lo hallarás.
4. El que al viento mira no sembrará, y el que mira a las nubes no segará.
9. Alégrate, mozo, en tu mocedad, y alégrese tu corazón en los días de tu juventud; sigue los impulsos de tu corazón y los atractivos de tus ojos, pero ten presente que de todo esto te pedirá cuenta Dios.

Capítulo XII

13. El resumen del discurso, después de oírlo todo, es éste: Teme a Dios y guarda sus mandamientos, porque eso es el hombre todo.
14. Porque Dios ha de juzgarlo todo, aun lo oculto, y toda acción, sea buena, sea mala.

Vocabulario

aborrecer to hate, abhor
afán *m.* anxiety; **afanarse** to toil
ánimo spirit, soul
apacentar to graze, feed on
apresurar to hasten, rush
callar to quiet, to keep still
cantilena ballad, chant
don *m.* gift
emprender to undertake
enderezar to set right
enojarse to get angry
estulticia foolishness
fugaz fleeting
irascible irritable; easily provoked to anger
juzgar to judge
mandamiento commandment
mocedad *f.* youth

molestia bother
mozo *m.* young man
necedad *f.* stupidity, nonsense
necio fool
nube *f.* cloud
oloroso fragant
padecer to suffer
saciar to satiate
segar to reap
sembrar to sow
sepulcro grave
siervo servant; serf
sobrepujar to exceed, surpass
tinieblas *f. pl.* darkness
torcer to twist, distort
ungüento ointment
viento wind

Preguntas

En sus propias palabras, cuente Vd. lo que dice Coholet (el predicador) acerca de:

a. El provecho del trabajo del hombre.
b. El valor de la sabiduría.
c. El placer.
d. El matrimonio.
e. La justicia.
f. El tiempo que Dios ha dado para todo.
g. El juicio final de Dios.

Apuntes Escogidos

I. Dative of Interest

The indirect object pronouns are used, in Spanish, to denote the person to or for whom the action is directed. Called the dative of interest, it is a further use of the indirect object pronoun to express **a.** possession, or **b.** separation, and **c.** to intensify the force of the action by referring back to the subject, in which case the reflexive pronouns are used.

a. Le alegra el corazón ver la justicia.   *It gladdens his heart to see justice.*

b. Le robaron el dinero que tenía.   *They robbed him of the money he had.*

c. Me construí palacios . . .   *I built [me] palaces (for myself) . . . .*
Se plantó viñas.   *He planted vineyards (for himself).*

Ejercicio

Sustituya Vd. el pronombre indirecto por la frase preposicional, según el modelo.

a. MODELO
Puse el sombrero. (al niño)
Le puse el sombrero.

1. Marta lavó la cara. (del niño)
2. Limpiamos el coche. (del señor)
3. El mecánico reparó el motor. (de mi coche)

b. MODELO
Llevaron la bicicleta de Ricardo.
Le llevaron la bicicleta.

1. El viento llevó los papeles del alumno.
2. La madre quitó los zapatos del niño.
3. La religión saca las dudas del hombre.

c. MODELO
  Comí el pan.
  Me comí el pan.

1. El perro bebió el agua.
2. Mi tío ganó mucho dinero.
3. Hice huertos y jardines.

II. Único vs. Sólo

Although both **único** and **sólo** are translated *only*, they differ in usage and meaning. **Único** is used as an adjective to limit the noun to *a single one* of its kind. The cognate *unique* gives a better idea of its significance. **Sólo** is synonymous with **solamente** and is used as an adverb with the significance of *only*. Note that the unaccented adjective **solo** means *alone*.

Es el **único** amigo que tengo.	*He is the only friend I have.*
Sólo él sabe mis íntimos pensamientos.	*Only he knows my intimate thoughts.*
Tengo **sólo (solamente)** un amigo.	*I have only one friend.*
Hablamos mucho cuando estamos **solos.**	*We talk a lot when we are alone.*

Ejercicio

Cambie Vd. las frases, según el modelo.

MODELO
Sólo los hebreos creían en un Dios.
Los hebreos eran los únicos que creían en un Dios.

1. Sólo Juan y yo sabíamos la respuesta.
2. Sólo los necios buscan la alegría.
3. Sólo los sabios viven en calma.
4. Sólo Roberto piensa en esas cosas.
5. Sólo a Ana le gusta la poesía.
6. Sólo las madres tienen este problema.
7. Sólo Clara ha estado en Nueva York.

III. Other Verbs Treated Like Gustar

Unless the subject of **gustar** is a person, the verb is conjugated only in the third person singular or plural, since its meaning is *to be pleasing*. The person to whom the particular thing is pleasing is referred to by the use of the indirect object pronoun, e.g., **A Ana le gusta la poesía. A Roberto le gustan las novelas.** Other verbs which can be treated in the same manner are:

faltar *to be lacking*	A Pepe **le falta** dinero.
interesar *to interest*	A ellos **les interesa** la historia.
molestar *to bother*	A ella **le molesta** el ruido.
quedar *to remain* (*to have* . . . . . . *left*)	**Nos queda** solamente una lección.
parecer *to appear* (*to seem*)	**Me parece** extraña esta música.

Ejercicio

Cambie Vd. las frases, según el modelo.

1. A los alumnos les gusta el libro.
   (les falta / les interesa / les molesta / les queda / les parece bueno)
2. Al profesor le gustan las clases de literatura.
   (le faltan / le interesan / le molestan / le quedan / le parecen que son)

IV. Possessive Adjective and Pronouns

	POSSESSIVE ADJECTIVES			POSSESSIVE PRONOUNS	
	ENGLISH	UNSTRESSED (before noun)	STRESSED (after noun)	ENGLISH	(Used when noun is not mentioned & after **ser**)
SING. 1.	*my*	mi, mis	mío, -a, míos, -as	*mine*	el mío, la mía los míos, las mías
2.	*your*	tu, tus	tuyo, -a tuyos, -as	*yours*	el tuyo, la tuya los tuyos, las tuyas
3.	*his, her, your, its*	su, sus	suyo, -a, suyos, -as	*his, hers yours, its*	el suyo, la suya los suyos, las suyas

	POSSESSIVE ADJECTIVES			POSSESSIVE PRONOUNS	
ENGLISH	UNSTRESSED (before noun)	STRESSED (after noun)	ENGLISH		(Used when noun is not mentioned & after **ser**)
PL.					
1. our	nuestro, -a	nuestro, -a	*ours*		el nuestro, la nuestra
	nuestros, -as	nuestros,-as	*ours*		los nuestros, las nuestras
2. *your*	vuestro, -a	vuestro, -a	*yours*		el vuestro, la vuestra
	vuestros, -as	vuestros, as	*yours*		los vuestros, las vuestras
3. *their,*	su, sus	suyo, -a	*theirs,*		el suyo, la suya
your		suyos, -as	*yours*		los suyos, las suyas

The following should be kept in mind with regard to the possessives:

a. They agree in number and in gender with what is possessed and not, as in English, with the possessor.

b. The use of the article changes the stressed adjective into a pronoun. (The use of the article as a pronoun was discussed in Tema VII.)

c. Since **el suyo** can mean *his, hers, its, yours,* or *theirs,* it is not used unless it is absolutely clear who the possessor is. To avoid ambiguity **el suyo** is replaced by **el de él, el de ella, el de Vd.**, etc.

Note the varying degrees of clarity in the following sentences:

Las manos de César están limpias.	*Caesar's hands are clean.*
Las de César están limpias.	*Caesar's are clean.*
Las de él están limpias. ⎫	
Las suyas están limpias. ⎭	*His are clean.*

Note also the following sequence.

Sus amigos le están esperando. ⎫	
Los amigos suyos le están esperando. ⎬	*His friends are waiting for him.*
Los suyos le están esperando.	*His are waiting for him.*

Ejercicios

Cambie Vd. la frase según el modelo.

a. MODELO

Sus amigos le quieren.　　　{ Los amigos suyos le quieren.
　　　　　　　　　　　　　　{ Los suyos le quieren.

1. Mis profesores son buenos.
2. Tus padres acaban de llegar.

3. Su novia es muy hermosa.
4. Vuestra hermana ha de volver hoy.
5. Nuestra clase es interesante.

b. MODELO

Los libros de Ana cuestan mucho. $\begin{cases} \text{Los de Ana cuestan mucho.} \\ \text{Los suyos cuestan mucho.} \end{cases}$

1. El coche de Ana es nuevo.
2. La camisa de Roberto es de lana.
3. Los negocios de mi padre andan bien.
4. Las notas de Pepe no son buenas.
5. El texto de los alumnos es viejo.

Breves Conversaciones en Resumen

A.

1. ¿Es su religión muy estricta?
   No, la mía no es estricta. (pero)
2. ¿Y la de sus vecinos?
   La de mis vecinos sí que lo es. (porque)
3. ¿En qué aspecto?
   Les prohibe beber vino.
RESUMEN: . . .

B.

1. ¿Vas a pasar las Navidades con tus padres?
   No. No voy a pasar las Navidades con mis padres. (porque)
2. ¿Por qué no?
   Me falta el dinero para el viaje. (y)
3. ¿Es ésta la única razón?
   Sí. Ésta es la única razón.
RESUMEN: . . .

C.

1. Oí que Raúl e Isabel tienen muchos problemas.

Su único problema es la diferencia de religión. (porque)

2. ¿Qué son los padres de Raúl?

Los padres de Raúl son católicos. (y)

3. ¿Y los de Isabel?

Los de ella son protestantes.

RESUMEN: . . .

D.

1. ¿Son sus padres religiosos?

Sí. Mis padres son religiosos. (porque)

2. Hay mucha gente que ya no cree en la religión.

Mis padres creen que la religión ennoblece al hombre. (y)

3. ¿Les gusta ir a la iglesia?

Sí. Serena el espíritu.

RESUMEN: . . .

E.

1. ¿Cómo se llama el libro sagrado de los musulmanes?

El libro sagrado de los musulmanes es el Corán. (el cual)

2. ¿Tiene alguna relación con el nuestro?

Según algunos, se parece a la Biblia nuestra.

3. ¿De veras? ¿En qué aspecto?

En los mandamientos y las demás normas de conducta.

RESUMEN: . . .

Diálogo XV

PEPE: ¡Roberto! ¡Cuánto me alegra verte! Tengo mil preguntas para ti.

ROBERTO: ¿De veras? ¿De qué se trata?

PEPE: Pues, ayer fui a la conferencia que dio el Profesor Renwick sobre la existencia de Dios. Según su tesis, Dios no tiene significado en la vida de hoy. El profesor dio mil razones que me dejaron abrumado.[1] Yo sé que tú has leído sus obras y quisiera saber tu opinión.

ROBERTO: A mi no me gusta hablar de la religión.

PEPE: ¿Por qué no?

ROBERTO: Porque no veo ningún valor en tales discusiones, y además es una cuestión muy delicada.

PEPE: Pero somos buenos amigo. Donde hay respeto mutuo no hay que temer.

ROBERTO: Sí, pero hay gente con quien no se puede hablar de esas cosas. Al fin, las creencias de uno tocan el fondo[2] de su ser.

PEPE: Si todo el mundo pensara como tú, no habría filosofía. Desde los albores[3] de la civilización, los hombres han tenido polémicas acerca de la existencia de Dios y de la vida eterna del alma.

ROBERTO: Por eso mismo te digo que no me gusta discutir sobre la religión. No quiero tener polémicas, ni contigo ni con nadie.

PEPE: Hombre, hasta entre los doctores más ortodoxos de la Iglesia existen diferencias de opiniones acerca del dogma. No tengas miedo de decir lo que piensas. Ya no vivimos en la época de la Inquisición.

ROBERTO: No es por miedo. Yo no sé como explicarme para que me entiendas. Es que no veo ningún valor en estas discusiones. Todo el mundo tiene derecho de pensar lo que quiera acerca de la religión y nadie puede convencer a nadie de que sus opiniones están equivocadas. Las creencias no se explican por medio de la razón. La razón no puede probar la existencia de Dios, ni refutarla. Dios existe para quien cree en Él.

---

[1] **abrumado**   overwhelmed
[2] **fondo**   bottom; depth
[3] **albor** *m.*   dawn

Preguntas

1. ¿De qué trataba la conferencia que oyó Pepe?
2. ¿Por qué pide Pepe la opinión de Roberto?
3. ¿Por qué rehusa Roberto darle su opinión?
4. ¿Cómo son algunas personas en cuanto a cuestiones de religión?
5. Según Pepe, ¿cuál es el origen de la filosofía?
6. ¿Qué resulta, a veces, de las discusiones acerca de la religión?
7. ¿Sobre qué temas ha habido polémicas?
8. Según Roberto, ¿por qué es inútil tratar de convencer a alguien de la existencia de Dios?
9. ¿Puede Vd. mencionar un filósofo que trató de reconciliar la razón con la fé?
10. Cuente algo acerca de él.

Composición

1. El papel que ha desempeñado la religión en la política del país.
2. Las decisiones del Tribunal Supremo (*Supreme Court*) con relación a referencias a Dios o a la religión en las escuelas públicas.
3. El matrimonio entre personas de diversas religiones.
4. El papel de las iglesias ens la vida suburbana.
5. Algunas reformas llevadas a cabo por el Concilio Ecuménico.

Vocabulary

A. Abbreviations

adj.	adjective		*inf.*	infinitive
adv.	adverb		*lit.*	literally
coll.	colloquial		*m.*	masculine
comm.	commercial		*n.*	noun
f.	feminine		*pl.*	plural

Omitted from this vocabulary are easily recognizable cognates except where used with a special meaning or idiomatically; the articles; personal, demonstrative and possessive adjectives and pronouns; adverbs in **-mente;** diminutives, proper names and numbers. Idioms are listed under their first important word.

B. Helpful Hints Towards the Recognition of Cognates

The vocabulary of Spanish is mainly derived from Latin. English, too, has many words that have been borrowed from Latin. Some words, common to both languages, may not be immediately recognizable as such because the vowels and consonants have undergone changes in Spanish which, for a number of reasons, did not take place in English. The same may be said of words of French origin which have become an integral part of the English language.

In general one of the most common differences is that many of the unvoiced consonants of English are voiced in Spanish when they come between vowels.

SPANISH (voiced)	ENGLISH (unvoiced)	EXAMPLES
b	**p**	**abierto** aperture
		cobre copper
d	**t**	**ciudad** city
		sede seat
g	**k** (sound)	**lago** lake
		riesgo risk

Other consonantal changes that have taken place in Spanish, especially in the case of consonant clusters, make the word more difficult to recognize unless we know the pattern of such changes. A few examples are listed below.

SPANISH	ENGLISH	EXAMPLES
ch (between vowels)	**ct**	**derecho** direct; **estrecho** strict, **noche** . . . [What words can you think of?]

Spanish (voiced)	English (unvoiced)	Examples
h	f	**hecho** fact; **hervor** fervor, **higo** ...
j	li (followed by vowel)	**hoja** foliage; **hijo** filial
ll	cl, fl, pl	**llamar** to claim, exclaim; **llama** flame; **llanos** plains
mbr, ñ	min, mn	**dueño** dominate; **nombrar** nominate
		hembra feminine; **sueño, soñolencia** somnolence
Vowel change		
ue	o	**acuerdo** accord; **fuerza** force, **huérfano** orphan; **muerte-** . . . [Fill in]

The list is by no means complete, but it is hoped that these few examples will be of help to you. Avoid the temptation to force the application of the above principles. Linguistic changes are complex phenomena in which many factors play a role, and a consonant or vowel sound may have developed from any number of sources representing the influences upon a language and its inner dynamics of change at various times in its development. The examples above are of changes that occur relatively frequently, but not always.

C. Common Suffixes and Their English Equivalents

Spanish	English	Examples
-ado	-ated	**creado** created; **originado** originated
-ción	-tion	**nación** nation; **oración** oration
-ería	-ery	**pastelería** pastry; **joyería** jewelery (*store*)
-ero	-er	**carpintero** carpenter; **cajero** cashier
-ez	-ness, -hood	**grandeza** greatness; **niñez** childhood
-idad, -tad	-ity, -ty	**vanidad** vanity; **libertad** liberty
-izo	-ish	**rojizo** reddish
-mente	-ly	**completamente** completely; **ràpidamente** rapidly
-oso	-ous	**maravilloso** marvelous; **famoso** famous
-ura	-ure	**cultura** culture; **estatura** stature
infinite endings		
-ar	-ate, -e	**cultivar** cultivate; **derivar** derive
-ecer	-ish	**embellecer** to embellish; **empobrecer** to impoverish
-izar	-ize	**organizar** organize; **simbolizar** symbolize

A

abierto *past part. of* **abrir**; open, opened

abogado *m.* lawyer

aborrecer to hate, detest

abrazar to embrace

abrigo *m.* coat

abrumado overwhelmed

abundar to abound

aburrir to bore; **aburrirse de** to be bored with

acá here

acabar to end, finish; **acabar de** to have just

acceder a to agree to

acerca de about, concerning

acogedor welcoming, kindly

acomodo *m.* compromise

acompañar to accompany

acontecimiento *m.* event, occurrence

acordarse de to remember

acostarse to go to bed

acostumbrar to accustom; **acostumbrarse** to become accustomed

actriz *f.* actress

actual present time, present day

actuar to behave

acuerdo *m.* agreement; **de acuerdo** in agreement; **estar de acuerdo** to agree

acumular to accumulate

adelantar to advance, move forward; to hasten

adelanto *m.* advancement

además moreover, besides; **además de** besides, in addition to

adicto addicted

adinerado moneyed, rich

admirar to admire; **admirarse de** to wonder at, be surprised by

aéro aerial

afán *m.* hard work; anxiety

afanarse to strive, toil

afrontar to confront, meet

afueras *f. pl.* suburbs

agarrar to seize, take hold

agencia *f.* agency; **agencia de publicidad** advertising agency

agitar to agitate, shake; to excite

agotar to drain; to exhaust

agradecer to thank, be grateful for

agraviado wronged, offended

agrícola agricultural

agua *f.* water

aguantar to endure, tolerate

ahora now; **ahora mismo** right now

ahorrar to save

aire *m.* air

ajustar to adjust

albor *m.* dawn; **los albores** dawn

alcalde *m.* mayor

alcanzar to attain, reach

alcoba *f.* bedroom

alegrarse to be glad

alegre glad

alegría *f.* happiness, joy

alejamiento *m.* withdrawal, estrangement

alejar to withdraw; to move aside *or* away from

alfombra *f.* carpet, rug

algo something

alguno some, any

alhaja *f.* jewel, gem

aliviar to alleviate

alma *f.* soul, spirit; heart

almacén *m.* department store

alquilar to rent

alquiler *m.* rent

alto tall, high; **pasar por alto** to disregard, overlook

altoparlante *m.* loudspeaker

alumno *m.* student

allá there; **allí there**

ama *f.* mistress of the house; hostess; **ama de casa** housewife

amanecer to dawn; **al amanecer** at dawn; *m.* dawn

amante *m.* lover; sweetheart

amar to love
ambos both
amenaza *f.* threat, menace
amenazar to threaten
amigo *m.* friend; **amiga** *f.* friend
amontonar to pile up; to gather
amor *m.* love
amoroso amorous, loving
amotinar to riot
amplio ample; extensive; wide
ancho wide
andar to walk, go
anglosajón Anglo-Saxon
anhelar to long for
anillo *m.* ring; **anillo de compromiso** engagement ring
ánimo *m.* spirit, soul
anoche last night
anochecer to grow dark; **al anochecer** at nightfall
antaño formerly, long ago
ante before
antes before, formerly; **antes de** before; **antes que nada** before all
anticuado antiquated, old fashioned
antiguamente formerly
antigüedad *f.* antiquity
antiguo old, ancient
antropólogo *m.* anthropologist
anunciar to announce
anuncio *m.* advertisement
añadir to add
año *m.* year; **todos los años** every year
apacentar to graze, feed on
aparecer to appear
apartarse to withdraw, get away from
apasionado passionate
apenas hardly, scarcely
aplaudir to applaud
aplicado diligent
apoyo *m.* support, backing
apreciar to appreciate
aprecio *m.* appreciation
aprender to learn
apresurar to hasten, rush
aprovecharse (de) to take advantage (of)

apropiado appropriate, fitting
arete *m.* earring
armar to arm; to mount; to start
arquetipo *m.* archetype; stereotype *(lit.)*
arranque *m.* start; starter
arreglar to arrange; to fix up
asamblea *f.* assembly, meeting
ascensor *m.* elevator
asegurar to assure; to insure
asiento *m.* seat
asigntura *f.* subject *(of study)*
asistir to assist, help; **asistir a** to attend
asociado *m.* associate
asunto *m.* subject, matter
atrasado delayed; backward
atraso *m.* tardiness, delay
atreverse (a) to dare (to)
aumentar to raise; to increase
aumento *m.* increase *(in salary)*
aun even, still; **aún** still, yet
autobús *m.* bus
autodisciplina *f.* self-discipline
ausente absent
avance *m.* advance
aventura *f.* adventure
aventurero adventurous
avión *m.* airplane
avisar to advise; to notify
aviso *m.* notice, announcement; **aviso limitado** want ad
ayer yesterday
ayuda *f.* help, aid
ayudar to help, aid
azafata *f.* stewardess
azúcar *m.* sugar
azul blue

B

bachillerato *m.* baccalaureate, B.A. degree
bailar to dance
baile *m.* dance
bajar to lower, drop
bajo low, lower; under, below

balancear to balance
banda *f.* band, gang
baño *m.* bath
barato cheap
barba *f.* beard; chin
barrio *m.* section *(of a city)*, neighborhood; borough
barroco baroque
basar to base
base *f.* basis
bastante enough; rather
bastar to suffice, be enough
basura *f.* garbage
basurero *m.* garbage collector
batalla *f.* battle
beber to drink
beca *f.* scholarship
belleza *f.* beauty; **salón de belleza** beauty parlor
beneficio *m.* benefit, advantage
Biblia *f.* Bible
biblioteca *f.* library
bicicleta *f.* bicycle
bienestar *m.* well being
bienvenida *f.* welcome
bigote *m.* mustache
billete *m.* ticket
blusa *f.* blouse
boca *f.* mouth
boda *f.* wedding
boicotear to boycott
boina *f.* beret; peakless cap *(worn by Basques)*
bonito pretty
borrar to erase
bota *f.* boot
breve brief
brillante *m.* diamond
brillar to shine
brotar (de) to stem (from); to blossom; to gush
buen, bueno good
bufanda *f.* scarf
bujía *f.* spark plug; candle
bullicioso noisy, boisterous
burguesa bourgeois
burlarse de to make fun of

busca *f.* search
buscar to look for, search
búsqueda *f.* search

C

caballero *m.* gentleman
caber to fit; **no cabe duda** there's no room for doubt, there's no doubt
cabeza *f.* head
cabo *m.* end; **llevar a cabo** to carry out
cada each, every
café *m.* coffee; café
caja *f.* case; **caja impermeable** waterproof case
calefacción *f.* heater; heating system
calidad *f.* quality; grade
caliente hot
calificar to qualify; to rate, class
calmante calming
calor *m.* heat; **hacer calor** to be warm *(weather)*; **tener calor** to be warm *(person)*
caluroso warm; affectionate
callar to quiet; **callarse** to keep quiet
calle *f.* street
camafeo *m.* cameo
cámara *f.* camera
cambiar to change
cambio *m.* change; **en cambio** on the other hand
caminar to walk
camino *m.* path, road
camión *m.* truck
camisa *f.* shirt
canal *m.* canal; television channel
cancelar to cancel
canción *f.* song
candidato *m.* candidate
cansado tired
cantar to sing
cantilena *f.* ballad; chant
caos *m.* chaos
caótico chaotic
capacidad *f.* capacity
capaz capable, able

captar to capture, win
cara *f.* face
carbón *m.* coal
cárcel *f.* jail, prison
carestía *f.* scarcity; high price; **la carestía de la vida** the high cost of living
caridad *f.* charity
caritativo charitable
carne *f.* meat
carnicero *m.* butcher
caro dear
carrera *f.* career
carretera *f.* highway
carta *f.* letter
cartera *f.* pocketbook; wallet
casa *f.* house, home; **casa editora** publishing house; **en casa** at home
casarse (con) to marry, get married (to)
casi almost
caso *m.* case
castigar to punish
casualidad *f.* coincidence
católico Catholic
causa *f.* cause, reason
cegar to blind
celebrar to celebrate; to hold *(formal meeting)*
célebre famous
celos *m. pl.* jealousy; **tener celos** to be jealous
cena *f.* supper; meal
cenar to have supper
centígrado Centigrade
centro *m.* center; downtown
cera *f.* wax
cerca near; **cerca de** near
ceremonioso ceremonious, formal
cerrar to close
cesar to cease, stop
césped *m.* lawn
ciego blind
ciencia *f.* science; knowledge
científico *m.* scientist
cine *m.* motion picture theater *or* industry; movies

cinturón *m.* belt
circular to circulate
circunstancia *f.* circumstance
cita *f.* appointment; quotation
citar to cite; to make an appointment
ciudad *f.* city
ciudadano *m.* citizen; *adj. (pertaining to a)* city
claro clear, bright; **claro está** of course
clima *f.* climate
cobrar to charge; to collect
cocinar to cook
coche *m.* car
código *m.* code *(of law, ethics, etc.)*
coger to seize; to gather; to catch
cohete *m.* rocket
colegio *m.* school
colonia *f.* colony
comadre *f.* midwife
combustible *m.* fuel
comenzar to begin
comer to eat
comerciante *m.* businessman
comercio *m.* commerce; business
comestibles *m. pl.* food
cometer to commit
comida *f.* dinner
comité *m.* committee
como as, like; **cómo** how
comoquiera however
compadecer to pity; **compadecerse de** to feel sorry for, sympathize with
comparar to compare
compartir to share
complacer to please
complejo complex
componer to compose
compositor *m.* composer *(music)*
compra purchase; **ir de compras** to go shopping
comprar to buy
comprender to understand
comprensión *f.* comprehension, understanding
comprometerse to compromise oneself, become involved

compromiso *m.* engagement; compromise

común common; **por lo común** in general, generally

condenar to condemn; to convict; to sentence

conducir to lead

conferencia *f.* lecture

conferenciante *m.* lecturer

confianza *f.* confidence

confiar (en) to confide (in), trust (in)

conflicto *m.* conflict, quarrel

conformarse to conform

conforme corresponding, in agreement; **conforme a** according to, in accordance with; **conforme con** in agreement with

conocimiento *m.* knowledge, understanding

consciente conscious

conseguir to get, obtain

consejero *m.* adviser

consejo *m.* advice

consiguiente consequent; **por consiguiente** consequently

consistir en to consist in, consist of

construir to build, construct

consultorio *m. (doctor's)* office

consumidor *m.* consumer

consumo *m.* consumption

contado: al contado cash

contar to tell, relate; to count

contener to contain

contenido *m.* contents

contestación *f.* answer

contestar to answer

contradecir to contradict

contraparte *f.* counterpart

contrario contrary; **al contrario** on the contrary

contribuir to contribute

convencer to convince

convenir (en) to agree (to)

convidado *m.* guest

convidar to invite *(usually to a meal)*

convivencia *f. (act of)* living together; ability to get along *(with others)*

conyugal: vida conyugal married life, marriage

Corán: El Corán the Koran *(holy book of the Moslems)*

corazón *m.* heart

cordero *m.* lamb

corneta *f.* bugle, horn, cornet

corporal corporal, physical

corregir to correct

correr to run

corrida de toros *f.* bullfight

cortar to cut; to mow

corte *m.* cut; fit *(of a garment)*

cortesía *f.* courtesy, breeding

cortina *f.* curtain

corto short

cosa *f.* thing; **otra cosa** something *or* anything else

cosaco *m.* Cossack

costear to pay the cost of

crear to create

crecer to grow

creencia *f.* belief

creer to believe; to think

criado *m.* servant

criar to bring up, raise

crisis *f.* crisis; **crisis económica** depression

crítica *f.* criticism

crónica *f.* chronicle

cruce *m.* crossing, crossroads

cruzar to cross

cuadra *f.* block *(of houses)*

cuadrado square

cuadro *m.* picture

cualidad *f.* quality, characteristic *(of a person)*

cualquier, cualquiera any, whatever; **cualquier cosa** anything (whatsoever)

cuándo when

cuanto as much; **en cuanto a** as for, with regard to; **¿cuanto?** how much?

cuarto fourth; room

cubreasiento *m.* seat cover

cuchara *f.* spoon

cucharada *f.* spoonful

cuello *m.* collar; **cuello duro** white collar

cuenta *f.* account; **dar cuenta de** to give an account of; **darse cuenta de** to realize, become aware of; **llevar las cuentas** to keep accounts; **tomar en cuenta** to take into account

cuento *m.* tale, story

cuero *m.* leather

cuidado *m.* care; **tener cuidado** to be careful

cuidadoso careful

cuidar to look after, take care of

culpa *f.* fault; sin; blame; **echar la culpa** to blame

culto cultured, educated

cumpleaños *m.* birthday

cuñada *f.* sister-in-law

cupé *m.* coupé

curandero *m.* healer

cuyo whose

Ch

chantaje *m.* blackmail

chaqueta *f.* jacket

charla *f.* chat, talk

charlar to chat

chica *f.* girl

chicle *m.* chewing gum

chispeante sparkling, scintillating

chiste *m.* joke

chofer *m.* driver, chauffeur

D

dama *f.* lady

dar to give; **dar en** to be bent on, persist in

datos *m. pl.* data

debajo (de) under, beneath; **por debajo de** beneath, under

deber to owe; to be obliged to; must; **deber de** must *(probability)*

decir to say, tell; **es decir** that is to say

dejar to allow, let; to leave; **dejar de** to fail to; to cease, stop

delante before; **delante de** before, in front of

demás other

demasiado too, too much

demencia *f.* dementia, insanity

demostrar to demonstrate

dentro (de) within

depender to depend; **depender de** to depend on

deporte *m.* sport

derecho *m.* right; law; **a la derecha** to the right

desacato *m.* disregard; contempt *(legal)*

desafiar to defy; to challenge

desafío *m.* challenge *(duel)*; **en desafío** in defiance

desafortunadamente unfortunately

desanimado discouraged, downhearted

desaparecer to disappear

desaprobar to disapprove

desarrollar to develop

desarrollo *m.* development

desayunarse to have breakfast

desayuno *m.* breakfast

descansar to rest

descanso *m.* rest

descubrimiento *m.* discovery

descubrir to discover; to uncover

desde since; from

desear to wish, desire

desembocadura *f.* mouth *(of a river)*; exit

desempeñar to perform; to play a role

deseo *m.* desire

deseoso desirous, anxious

deshumanizar to dehumanize

desierto deserted

desnudo nude, bare

despacho *m.* office *(of a school, hospital)*; shipment *(comm.)*

despedir to dismiss, fire; **despedirse (de)** to take leave (of)

despertar to awaken, arouse; **despertarse** to wake up

después after(wards); **después de** after

destierro *m.* exile, banishment

desventaja *f.* disadvantage

detalle *m.* detail

detener to detain; **detenerse** to stop

determinado certain, definite

detrás de behind

día *m.* day; **días escolares** school days

diario *m.* daily

dictar to dictate

difícil difficult

dinero *m.* money

dirigente *m.* leader

dirigir to direct; **dirigirse a** to address oneself to; to go towards

dirección hidráulica *f.* power steering

disciplina *f.* discipline; instruction; field of knowledge

disco *m.* record *(phonograph)*

discurso *m.* discourse, speech

discutir to discuss

diseñar to design

diseño *m.* design

disgusto *m.* quarrel

dispuesto *past part. of* **disponer**; disposed, ready, willing

distinto different

distraer to distract

distraído distracted, inattentive, absent-minded

divertido amusing

divertirse to enjoy oneself, amuse oneself

doctor *m.* doctor; learned man

dolor *m.* pain, ache; sorrow; **dolor de cabeza** headache

dominador dominating

dominar to dominate

domingo *m.* Sunday

don *title used before given masculine name; m.* gift

dondequiera wherever, anywhere

donjuanesco philandering

dormir to sleep

dormitorio *m.* bedroom

dotar to endow *(with powers or talents)*

droga *f.* drug

duda *f.* doubt; **sin duda** no doubt; **no cabe duda** there is no doubt; **sacar de dudas** to relieve of doubt, relieve one's mind

dudar to doubt

duelo *m.* duel

dueño *m.* owner

durante during

durar to last

duro hard

E

edad. *f.* age; **Edad Media** Middle Ages

edificio *m* building

educación *f.* education; upbringing

educativo educational

efecto *m.* effect; **en efecto** in fact, actually

egipcio Egyptian

egoísta egotistical

ejemplo *m.* example; **por ejemplo** for example

ejercer to exercise; to perform, to exert

ejercicio *m.* exercise

ejército *m.* army

elaborar to elaborate, work out

elevar to raise, elevate

elegir to elect, choose

embargo *m.* embargo, attachment *(law)*; **sin embargo** however

emisora *f.* broadcasting station; radio transmitter

empeñarse (en) to persist (in)

empleado *m.* employee

emplear to employ; to use

empleo *m.* job, employment

emprender to undertake

empresa *f.* enterprise
empuje *m.* push, thrust
enajenación *f.* alienation
enajenamiento *m.* alienation
enajenar to alienate
enamorado in love
enamorarse (de) to fall in love (with)
encantador charming
encantar to charm; to please
encanto *m.* charm, spell
encarcelar to jail
encontrar to find; **encontrarse con** to meet (with)
enderezar to set right
enero *m.* January
enfermedad *f.* illness
enfermera *f.* nurse
enfermo ill, sick; *m.* patient
engañar(se) to deceive *(oneself)*
engendrar to engender, generate; to produce
ennoblecer to ennoble
enojarse to get angry
ensayo *m.* essay; experiment
enseñanza *f.* teaching; education
enseñar to teach; to show
ensordecedor deafening
entender to understand; **entender de** to be a judge of, be familiar with, know about
entendimiento *m.* understanding; **mal entendimiento** misunderstanding
entero whole, entire
entonces then, at that time
entrada *f.* ticket; entrance
entrar to enter, go in; **¡entre!** come in!
entre between, among
entretanto in the meanwhile
entrevista *f.* interview, meeting
enviar to send
envidia *f.* envy
envidiar to envy
epidemia *f.* epidemic
época *f.* epoch, era, age
epopeya *f.* epic poem

equivocado mistaken, wrong
equivocarse to make a mistake
escalera *f.* staircase; **escalera mecánica** escalator
escaparate *m.* show window *(of a store)*
escena *f.* scene
esclavitud *f.* slavery
esclavo *m.* slave
escoger to choose, select
escolar *(pertaining to)* school
escote *m.* neckline; low neck *(of a blouse or dress)*
escribir to write
escrito *past part. of* **escribir**; written
escritor *m.* writer
escritorio *m.* desk
escuchar to listen
escuela *f.* school
esforzarse to make an effort, exert oneself
esfuerzo *m.* effort
eslavo Slavic; *m.* Slav
eso that; **eso de** that matter of
espacio *m.* space
espacial spatial, space
espalda shoulder, back
español Spanish; *m.* Spaniard
especial special; **en especial** special, in particular
especialidad *f.* specialization, major field of study
específicamente specifically
esperanza *f.* hope
esperar to hope; to expect; to wish (for)
esposa *f.* wife; **esposo** *m.* husband
establecer to establish
estación *f.* station; season
estadísticas *f. pl.* statistics
estado *m.* state, condition
estancarse to stagnate
estancia *f.* stay, sojourn
estatal *(pertaining to the)* state
esteta *m.* æsthetician, esthete
estilo *m.* style
estimado esteemed
estimular to stimulate

estímulo *m.* stimulus
estorbar to bother; to upset
estrechar to tighten; to take in;
  estrechar la mano to shake hands
estrecho narrow, tight
estrella *f.* star
estrépito *m.* din, deafening noise
estruendo *m.* din, clamor; confusion
estudiante *m.* student
estudiantil *(pertaining to)* student
estudiar to study
estudio study; **plan de estudios**
  course of study
estulticia *f.* foolishness
etapa *f.* stage
ética *f.* ethics
etiquetar to label, ticket
evadir to evade, escape
evaluar to evaluate, grade
evocar to evoke
exagerar to exaggerate
examen *m.* examination
examinar to examine, test
exigente demanding
exigir to demand, require
éxito *m.* success; **tener éxito (en)**
  to be successful (in)
exótico exotic, striking
expansión *f.* expansion; **expansión**
  económica economic development
expectativa *f.* expectancy, expectation
explicar to explain
extranjero foreign, strange
extrañarse to find strange
extraño strange

F

fábrica *f.* factory
fabricar to manufacture, make
fabuloso fabulous
fácil easy
facilitar to facilitate
fachada *f.* façade *(of a building)*
falda *f.* skirt
falta *f.* lack

faltar to be missing, lacking
favorecer to favor
fecha *f.* date
felicidad *f.* happiness
feliz happy
fenicio Phoenician
feroz ferocious
fiarse (de) to trust (in)
fiel faithful
fijar to affix, fasten; **fijarse en** to
  notice
fijo fixed; firm
fin *m.* end; **a fin de** in order to; **al fin**
  y al cabo after all, in the end
finura *f.* elegance
firmeza *f.* firmness
fomentar to foment, promote, further
fondo *m.* background; bottom; depths;
  back *(of a room)*
fracasar to fail
fracaso *m.* failure
francamente frankly
francés French
fraudulento fraudulent
frecuencia *f.* frequency; **con**
  frecuencia frequently
freno *m.* brake; **frenos de poder**
  power brakes
frente *f.* forehead, brow
frío cold; **hacer frío** to be cold
  (weather); **tener frío** to be cold
  (person)
frito *past part. of* **freír**; fried
frontera *f.* frontier
fruto *m.* fruit; result
fuera (de) outside (of)
fuerte strong
fuerza *f.* force; **fuerza de trabajo**
  labor force
fugaz fleeting
fumar to smoke
funcionamiento *m.* functioning
funcionario *m.* official; **funcionario**
  de gobierno government employee,
  public official
fundar to found, establish
furia *f.* fury

G

gafas *f. pl.* eyeglasses; sunglasses
galantería *f.* gallantry; compliment *(to a lady)*
galería *f.* gallery
gana(s) *f. (pl.)* desire; **darle la(s) gana(s) a uno** to feel like; **tener gana(s)** to have the desire to, feel like
ganar to win; to earn
ganga *f.* bargain
gastar to spend *(money)*
gasto *m.* expense
género *m.* material, cloth; kind
genio *m.* temperament, character
gente *f.* people, persons; **gentes** people
gentío *m.* crowd
gerencia *f.* management
gerente *m.* manager
gesto *m.* gesture
gobierno *m.* government
gozar (de) to enjoy
grabadora *f.* tape recorder
grabar to record; to engrave
gracia *f.* grace; gracefulness; *pl.* thanks, thank you
grado *m.* degree
gran, grande large; great
gravedad *f.* seriousness
griego Greek
gritar to shout
guante *m.* glove
guapo handsome
guardar to keep
Guardia Nacional National Guard
guerra *f.* war; **Guerra Mundial** World War
gustar to like
gusto *m.* liking, pleasure

H

haber *(auxiliary)* to have; **haber de** to be to, have to
habitante *m.* inhabitant
hábito *m.* habit
hablar to speak, talk
hacer to do, make
hacia towards
hallar to find
hasta que until
hay there is, there are
hazaña *f.* deed, exploit
hebreo Hebrew
hecho *past part. of* **hacer;** done; *m.* fact, deed
heredar to inherit
hermana *f.* sister; **hermano** *m.* brother
herir to hurt, injure
hijo *m.* son; *pl.* sons, children
hipoteca *f.* mortgage
hispánico Hispanic, pertaining to places where Spanish is spoken
hispano Hispanic; *m.* one whose native language is Spanish
historiador *m.* historian
hogar *m.* home
hola hello
hombre *m.* man
hora *f.* hour; time
horario *m.* schedule
horizonte *m.* horizon
hoy today; **hoy (en) día** nowadays
huelga *f.* strike; **declararse en huelga** to go on strike
huelguista *m.* striker
hueso *m.* bone; **de carne y hueso** of flesh and blood

I

idioma *m.* language
iglesia *f.* church
igual equal, same
imagen *f.* image
imperio *m.* empire
impermeable *m.* raincoat
impetuosidad *f.* impetuosity, impulsiveness

imponer to impose, levy; to command *(respect, fear);* **imponerse** to assert oneself

importar to be important; to matter, concern

imprevisto unforeseen

incierto uncertain

incluir to include

incomprensión *f.* lack of understanding

incongruente incongruous

inconveniente *m.* objection; **no tener inconveniente** not to object to

increíble unbelievable, incredible

independizarse to become independent

indio Indian

inestable unstable

infelicidad *f.* unhappiness

infiel unfaithful

influir (en) to influence; to affect

informaciones *f. pl.* information

ingeniero *m.* engineer

inglés *m.* English; Englishman

ingrato ungrateful

ingresar to enter

inimaginable unimaginable

iniquidad *f.* iniquity, evil

inquietar to trouble, worry

inquietud *f.* uneasiness, anxiety

insoportable unbearable

instruído well educated, learned

intención *f.* intention; **tener la intención de** to intend to

intercambio *m.* exchange

interés *m.* interest; self-interest

interesante interesting

interesar to interest; **interesarle a uno** to interest, be of interest to someone

interrumpir to interrupt

intervenir to intervene

íntimo intimate, inner

inútil useless

inverosímil unrealistic, improbable

inversión *f.* investment

ir to go; **¡qué va!** nonsense!

ira *f.* ire, wrath

irascible irritable, easily provoked to anger

J

jabón *m.* soap

jamás never, ever

Japón Japan

jardín *m.* garden; **jardín zoológico** *m.* zoo

jaula *f.* cage

jefe *m.* chief, boss

jinete *m.* horseman, rider

joven young; *m.* young man; *pl.* young people

jovencita *f.* young lady

joya *f.* jewel, piece of jewelry

joyería *f.* jewelry store

juego *m.* set; game; **hacer juego** to match; **juego de dormitorio** bedroom set

juerga *f.* spree

juez *m.* judge

juguete *m.* toy

juicio *m.* judgement

junto(s) together

justicia *f.* justice

justo just

juventud *f.* youth

juzgar to judge

K

kilo *m.* kilo, kilogram

L

labrador *m.* farmer, peasant; *f.* farm woman, peasant

ladera *f.* slope, incline

lado *m.* side; **al lado de** next to, beside

lágrima *f.* tear

lámpara *f.* lamp

lana *f.* wool

lanzamiento *m.* launching

lanzar to hurl, fling; to launch
largo long; *m.* length
lástima *f.* pity
lastimar to hurt
latino Latin; Latin American
lavar to wash; **lavarse** to wash oneself
lección *f.* lesson
lector *m.* reader *(person)*
lectura *f.* reading
leer to read
lejos (de) far (from)
lengua *f.* language
lenguaje *m.* language
lentamente slowly
levantar to raise; **levantarse** to get up
ley *f.* law
leyenda *f.* legend
liberar to free
libra *f.* pound
libre free. unoccupied
libro *m.* book
líder *m.* leader
límite *m.* limit
limpiar to clean
limpieza *f.* cleanliness
limpio clean
lindo pretty
línea *f.* line
lío *m.* bundle; *(coll.)* scrape, conspiracy; **armar un lío** to make difficulties, start an argument
liquidación *f.* sale
listo ready; alert; clever
litro *m.* litre
loco crazy; *m.* madman; fool; **volverse loco** to go mad
locutor *m.* announcer
lograr to attain
lucir to shine; to show off, exhibit; to illuminate
lucha *f.* struggle
luchar to fight, struggle
luego then
lugar *m.* place; **tener lugar** to take place
lujo *m.* luxury

luna *f.* moon; **luna de miel** honeymoon
lustre *m.* polish, shine; **dar lustre** to polish
luz *f.* light

Ll

llamativo colorful; attractive; loud
llamar to call; **llamarse** to be called
llanta *f.* tire
llegada *f.* arrival
llegar to arrive; to reach; **llegar a ser** to become, get to be
llenar to fill
lleno full
llevar to take; to wear; to carry; to lead
llorar to cry
llover to rain

M

madre *f.* mother
madurez *f.* maturity
maduro mature
maestro *m.* teacher
magia *f.* magic
magnífico magnificent
mago *m.* magician
mal bad, badly; **tomar a mal** to take *(something)* the wrong way
maleta *f.* suitcase
mancha *f.* stain, stigma
mandamiento *m.* commandment
mandar to send; to command
manera *f.* manner, way; **manera de ser** manner, style
manifestar to manifest, show
mano *f.* hand; **mano de obra** labor force, manpower; **estrechar la mano** to shake hands
mantener to maintain, keep; to support
mantequilla *f.* better
mañana *f.* morning; *adv.* tomorrow

mapa *m.* map
mar *m. & f.* sea
maravilla *f.* marvel, wonder
marca *f.* trademark, brand, mark
marido *m.* husband
marinero *m.* seaman, mariner
más more; **más bien** rather
matar to kill
materia *f.* matter, subject matter;
  materia prima raw material
matrícula *f.* registration; **derechos
  de matrícula** tuition fee
mayor greater, greatest; older, oldest;
  al por mayor wholesale
mayoría *f.* majority
medalla *f.* medal
medianoche *f.* midnight
medias *f. pl.* stockings
médico *m.* doctor
medida *f.* measure; size; *pl.* means
medio middle; half; means; **por
  medio de** by means of, through
mediodía *m.* noon
mejicano Mexican
mejor better, best
mejorar to improve, better
menos less, least; **menos mal** it's a
  good thing, thank goodness
mensaje *m.* message
mensual monthly
mente *f.* mind
mentir to lie
mentira *f.* lie
menudo minute, little; *m.* small
  change; **a menudo** often
mercado *m.* market; **lanzar al
  mercado** to put on the market
merecer to merit, deserve
mes *m.* month
mesa *f.* table; **poner la mesa** to set
  the table
meter to put in; **meterse en** to
  meddle in; **meterse a** to undertake
miedo *m.* fear; **tener miedo de** to be
  afraid of
miel *f.* honey
miembro *m.* member

mientras while; **mientras que** while
miligramo *m.* milligram
milla *f.* mile
minifalda *f.* miniskirt
mirar to look
mismo same
misterioso mysterious
mitad *f.* half
mítico mythical
mocedad *f.* youth
moda style, fashion, mode; **de moda**
  in style, fashionable
modales *m. pl.* manners
modismo *m.* idiom
modista *m. & f.* dressmaker; **modista
  de alta moda** high fashion designer
  or dressmaker
modo *m.* mode, way; **de cualquier
  modo** somehow, some way, anyway
molestar to bother
molestia *f.* annoyance; unpleasant-
  ness; sorrow
molesto bothersome
montaña *f.* mountain
moreno dark, brunette
morir to die
moro *m.* Moor
mostrar to show
motín *m.* riot, mutiny
mozo *m.* young man
muchacho *m.* boy; young man
muchedumbre *f.* crowd
mudar(se) to change *(one's clothes,
  residence)*; to move
mueble *m.* piece of furniture; *pl.*
  furniture
muerte *f.* death
muestra *f.* sample
mugriento dirty
mujer *f.* woman
multa *f.* fine
mundial wordly
mundo *m.* world
muñeca *f.* wrist; doll
muslo *m.* thigh
musulmán Muslim
mutuo mutual

N

nacer to be born
nación *f.* nation; **naciones en desarrollo** developing nations
nada nothing
nadar to swim
nadie no one, nobody
naturaleza *f.* nature
Navidad *f.* Christmas
necedad *f.* stupidity; nonsense
necesitar to need
necio *m.* fool
negar to deny; to refuse
negocio *m.* business
nervio *m.* nerve
nevar to snow
ni neither, nor; **ni siquiera** not even
nieto *m.* grandson; **nieta** *f.* granddaughter
nieve *f.* snow
ninguno no, no one, none, not any
niño child, boy; *pl.* children; *f.* girl
nivel *m.* level; **nivel de (la) vida** standard of living
noche *f.* night; **de noche** at or by night
nombrar to name, appoint
nombre *m.* name
nota *f.* note; grade; **sacar buenas notas** to get good grades
notar to notice
noticias *f. pl.* news
noviembre *m.* November
novio *m.* bridegroom; suitor; **novia** *f.* bride, sweetheart
nube *f.* cloud
nuera *f.* daughter-in-law
nuevo new
número *m.* number
nunca never, not ever, ever

O

obligatorio compulsory
obra *f.* work
obrero *m.* worker
obtener to obtain, get

ocio *m.* leisure, idleness
octubre *m.* October
ocultar to hide, conceal
oculto hidden, concealed
ocurrir to happen, take place
oferta *f.* offer; **oferta y demanda** supply and demand
oficina *f.* office
oficio *m.* occupation, trade; business; function
ofrecer to offer
ofrenda *f.* offering
oído *m.* ear *(organ of hearing)*
oír to hear
ojalá grant that, would that
ojo *m.* eye
ola *f.* wave; **nueva ola** new look
oloroso fragrant
olividar to forget; **olividarse de** to forget
oponer to oppose; **oponerse a** to oppose, be opposed to
orden *f.* order, command; *f.* class, relation
ordenado orderly
ordinario ordinary; **de ordinario** ordinarily
oreja *f.* ear *(visible part)*
originar to orginate, begin
oro *m.* gold
oscurecer, obscurecer to grow dark; **al oscurecer** at dusk
oscuro dark
oveja *f.* sheep

P

paciencia *f.* patience; **tener paciencia** to be patient
paciente *m. & f.* patient
padecer to suffer; to endure
padre *m.* father; *pl.* parents
paga *f.* salary
pagar to pay
pago *m.* payment
país *m.* country; nation
palabra *f.* word

palacio *m.* palace
palmadita *f.* pat; **dar palmaditas** to pat *(one's back)*
pan *m.* bread
pantorrilla *f.* calf *(of the leg)*
papel *m.* paper; role; **hacer** *or* **desempeñar el papel de** to play the role of
paquete *m.* package
para for; **para con** toward
paradójicamente paradoxically
paralizar to paralyze
parar(se) to stop
parecer to seem; to appear; **¿qué te parece . . .?** what do you think of . . . ? **parecerse a** to look like
pared *f.* wall
pareja *f.* couple, twosome, match
pariente *m.* relative
parisiense Parisian
párrafo *m.* paragraph
parte *f.* part, portion; **la mayor parte** most, the majority; **por todas partes** everywhere
participar to participate, take part
partir to leave
pasado *m.* past
pasar to pass; to spend *(time)*; to happen; to enter; **pasarle a uno** to be wrong with one, be the matter with one
paseo *m.* pleasure trip; walk; **dar un paseo** to stroll, take a walk
pasillo *m.* passage, corridor
paso *m.* step, change
pastora *f.* shepherdess
patán *m.* yokel, rustic, unmannerly person
patria *f.* homeland
patrón *m.* owner, boss
paz *f.* peace; **paz del alma** peace of mind
pedir to ask (for)
película *f.* movie, film
peligro *m.* danger, peril; **correr el peligro de** to run the risk of, be in danger of

pena *f.* pain; sorrow; **valer la pena** to be worthwhile; **dar pena a uno** to make one sad
pendiente *m.* pendant; earring
penetración *f.* penetration
pensamiento *m.* thought
pensar to think; **pensar de** to think of *or* over
peor worse
pequeño small; very young
perder to lose
pérdida *f.* loss
perduración *f.* the everlasting
perdurar to last, endure
perezoso lazy
periódico *m.* newspaper
periodista *m.* journalist
perla *f.* pearl
permanente permanent
permitir to permit, allow
perro *m.* dog
personaje *m.* personage; character *(in a play)*
pertenecer to belong (to)
pesar to weigh; *m.* sorrow; **a pesar de** in spite of
peseta *f. unit of currency in Spain (70* **pesetas** *= $1.00)*
pieza *f.* piece; work of art
pimienta *f.* pepper
pintar to paint, depict
pintor *m.* painter, artist
piso *m.* floor; story *(of a building)*
pizarra *f.* blackboard; writing slate
placer *m.* pleasure
planear to plan
plano *m.* plan; plane; position
plantar to plant
plantear to raise *(a question)*
plata *f.* silver
plato *m.* plate, dish
playa *f.* beach
plazo: a plazos on installments
pluma *f.* pen
población *f.* population
pobre poor
pobreza *f.* poverty

poco little, small, **hace poco** a short time ago; *adj. pl.* few

poder to be able; **no poder más** not to be able to go on *or* put up with any more

poderoso powerful

poesía *f.* poetry

poeta *m.* poet

polémica *f.* polemics

política *f.* politics; policy *(principle)*

póliza *f.* policy *(comm.);* **póliza de seguros** insurance policy

poner to put, put on; to place; to turn on *(radio, television)*

porqué *m.* reason

porvenir *m.* future

poseer to possess, have

postre *m.* desert

potencia *f.* power

práctica *f.* practice, custom

precio *m.* price

precioso precious, valuable

precisamente precisely

pregunta *f.* question; **hacer una pregunta** to ask a question

preguntar to ask *(a question)*

prejuicio *m.* prejudice

premiar to reward

preocupación *f.* worry, concern

preocuparse (por) to worry (about)

preparar to prepare; **prepararse** to get ready

presente present; **tener presente** to bear in mind

préstamo *m.* loan

prestar to lend; **prestar atención (a)** to pay attention (to)

presuponer to presuppose

previo previous

primavera *f.* spring

primer, primero first

principio *m.* beginning

prisa *f.* haste; **darse prisa** to hurry

privar (de) to deprive (of)

probar to prove; to try; to taste

procedencia *f.* origin; source

prójimo *m.* fellow man

pronto soon

propaganda *f.* advertising

propiedad *f.* property

propietario *m.* proprietor

propina *f.* tip, gratuity

propio one's own

proponer to propose

propósito *m.* purpose; **a propósito** by the way; fitting, apropos; **de propósito** on purpose

protagonista *m.* hero

proteger to protect

provecho *m.* benefit, profit, advantage

proveer to provide

provenir to originate, stem from

próximo next

proyectar to project

psicólogo *m.* psychologist

psiquiatra *m.* psychiatrist

psiquis *f.* psyche, mind

publicidad *f.* publicity; advertising

pueblo *m.* town

puerta *f.* door

puesto *past part. of* **poner**; placed; turned on *(radio, television)*; *m.* place; stand; job, post

pulsera *f.* bracelet

punto *m.* point

Q

quedar(se) to remain

quejarse (de) to complain (of)

quemar to burn

querer to want, wish, desire; to love; **querer decir** to mean

quienquiera whoever

quitar to take off, take out *or* away

quizás perhaps

R

rabia *f.* rage, anger

raíz *f.* root

ramo *m.* branch
rápido rapid, fast
raro rare, strange, odd
rasgo *m.* trait, characteristic
raza *f.* race
razón *f.* reason; **tener razón** to be right
razonamiento *m.* reasoning
rebaño *m.* flock, herd
rebelde rebellious; *m.* rebel
rebeldía *f.* rebelliousness
recado *m.* message
recibir to receive
recoger to pick up, gather
reconocer to recognize
recordar to remember: to remind
recorrer to travel in, over *or* through
recorrido *m.* trip; **poco recorrido** *(of a car)* low mileage
recurso *m.* recourse
rechazar to reject
reemplazar to replace
referir to refer
reflejar to reflect
reflejo *m.* reflection
reflexionar to reflect upon; to think
refrán *m.* proverb; refrain
refresco *m.* refreshment, drink
refutar to refute
regalar to treat; to present, make a present of
regalo *m.* gift
regla *f.* rule
regresar to return
regreso *m.* return
rehusar to refuse
reír to laugh; **reírse de** to laugh at, make fun of
relacionar to relate
religioso religious
reloj *m.* watch
remedio *m.* remedy; **no hay remedio para ello** it can't be helped
reparación *f.* repair
reparar to repair
reproche *m.* rebuke, reproach
requerir to require

requisito *m.* requirement, requisite
resolver to resolve
respuesta *f.* answer
restos *m. pl.* remains
resuelto *past part. of* **resolver**; resolved
resultado *m.* result
resumen *m.* summary
retirar to withdraw
reunión *f.* meeting
reunirse (con) to meet, get together
revisar to check, review
revista *f.* magazine
revoltoso mischievous, rebellious
riesgo *m.* risk; **correr el riesgo** to run the risk
río *m.* river
risa *f.* laughter
ritmo *m.* rhythm
robar to rob
rodear to surround
rodilla *f.* knee
rogar to beg, request
rompehuelgas *m.* strikebreaker
romper to break
ropa *f.* clothes; fabric
roto *past part. of* **romper**; broken
rudo crude, rough
rutina *f.* routine

S

sábado *m.* Saturday
saber to know; *m.* knowledge
sabiduría knowledge, wisdom
sabio wise
sacar to take out, get out
saciar to satiate
sacrificar to sacrifice
sagrado sacred, holy
sal *f.* salt
salida *f.* exit; outlet
salir to leave; to go out; **salir bien** to do well
salud *f.* health
saludar to greet

saludo *m.* greeting; *pl.* regards
sangre *f.* blood
sanidad *f.* sanitation
sano sane; healthy; healthful
seda *f.* silk
segar to reap; to harvest
seguida: en seguida immediately
seguir to follow
según according to, in accordance with
segundero *m.* second hand *(of a watch or clock)*
segundo second
seguridad *f.* security
seguro sure; safe; secure; *m.* security
semana *f.* week; **la semana pasada** last week
sembrar to sow; plant
semestre *m.* semester
sencillo simple, easy
sensibilidad *f.* sensitivity, sensitiveness
sensible sensitive
sentarse to sit down
sentido *m.* meaning
sentirse to feel
séptimo seventh
sepulcro *m.* grave
ser to be; *m.* being
serenar to calm, make serene
serio serious
se(p)tiembre September
siempre always; **como siempre** as usual
siervo *m.* servant
siglo *m.* century
significado *m.* meaning
significar to mean
siguiente following
silueta *f.* silhouette; figure *(of a person)*
sillón *m.* armchair
simpático congenial; appealing
sin without; **sin embargo** however, nevertheless
sindicato *m.* syndicate, trade union
sino but; **sino que** but
síntoma *m.* symptom
siquiera scarcely; **ni siquiera** not even

sistema *m.* system
sitio *m.* place, spot
sobre on, upon
sobrecama *f.* coverlet, bedspread
sobrepujar to exceed; to surpass
sol *m.* sun
soldado *m.* soldier
soler to be in the habit of
solicitar to request
solicitud *f.* request
solo along; **sólo** only
soltero single, unmarried
sombra *f.* shade
sombrero *m.* hat
sonar to sound, ring
sonreír to smile
sonrisa *f.* smile
soñador *m.* dreamer
soñar (con) to dream (of)
sopa *f.* soup
soportar to put up with, tolerate
sordidez *f.* sordidness
sorprender to surprise; **sorprenderse (de)** to be surprised (at)
sótano *n.* basement
subconsciente *m.* subconsciousness
subdesarrollado underdeveloped, developing
subir to go up; to raise
sublimar to sublimate, exalt
subterráneo *m.* subway
subvencionar to subsidize
suceder to happen
sucursal *f.* branch *(of a firm)*
sueldo *m.* salary
sueño *m.* dream
suerte *f.* luck; fate; **mucha suerte** good luck
sufrir to suffer
sugerir to suggest
suizo Swiss
sujeto (a) subject (to)
sumiso submissive; meek
surgir to arise
suscitar to originate; to raise; to cause
sustantivo *m.* noun
sustento *m.* support

T

tacaño miserly, stingy
tal such (a); **con tal que** provided; **¿qué tal?** how goes it?, how are you?; **tal o cual** *or* **tal y cual** such and such
también also, too
tampoco neither
tan so
tanto so much; *pl.* so many
tardar (en) to delay (in)
tarde late; **más tarde** later; *f.* afternoon
tarea *f.* task
taza *f.* cup
tela *f.* cloth, fabric
televisor *m.* television set
temer to fear
temor *m.* fear
temporada *f.* season, period of time
temprano early
tener to have; to hold
tercio *m.* one-third
terciopelo *m.* velvet
terminar to end, finish
término *m.* end, limit; term
tesis *f.* thesis
tiempo time; **perder el tiempo** to waste time; **en otro tiempo** in former times; **a tiempo** on time
tienda *f.* store
tierra *f.* land; soil; earth
timbre *m.* small bell
tinieblas *f. pl.* shadows, darkness
tirar to pull
titular official
tobillo *m.* ankle
tocadiscos *m.* record player
tocar to touch, touch on; to play *(a musical instrument)*
todavía still; **todavía no** not yet
tomar to take; to drink; **tomarla con** to pick a quarrel with; **tomar a mal** to take something the wrong way
tonelada *f.* ton
tonterías *f. pl* nonsense
tonto stupid, silly

torcer to twist, distort
trabajar to work; to till *(soil)*
trabajo *m.* work, task
traer to bring
traje *m.* suit; **traje de baño** bathing suit
trama *f.* plot
tras after
trascendencia transcendency, importance
tratar to treat; **tratar de** to deal with; **tratar de** + *inf.* to try to
tren *m.* train
tribunal *m.* tribunal, court; **Tribunal Supremo** Supreme Court
triste sad
tristeza *f.* sadness
tropas *f. pl.* troops
turístico tourist

U

último last, latest
ultratumba *f.* beyond the grave
único only; unique
ungüento *m.* ointment
universidad *f.* university
urbano urban, city
urgencia *f.* urgency, emergency
usar to use
uso *m.* use
útil useful
utilidad *f.* use, usefulness

V

vacío empty
vago lazy; *n.* lazy person; vagrant
vajilla *f.* dinner set; table service; **vajilla de plata** silverware
valer to be worth; to matter
validez *f.* validity
valiente brave
valor *m.* valor, courage; value

variación *f.* variation, change
variado varied, different
variedad *f.* variety; *f. pl.* variety, vaudeville
vario various, varied; *pl.* various, several
varonil manly
vasco Basque
vaso *m.* glass
vecino *m.* neighbor
vencer to conquer, overcome
vendedor *m.* salesman; **vendedora** *f.* saleswoman
vender to sell
venir to come
venta *f.* sale; **volumen de ventas** *m.* sales volume
ventaja *f.* advantage; profit
ventana *f.* window
ver to see; **verse** to seem; to appear; **te ves muy bien** you look very well
verano *m.* summer
verdad *f.* truth
veras *f. pl.* truth, reality; **de veras** really
verde green; risqué, off color
verso *m.* line of poetry; *pl.* poems
vestido *m.* dress
vestir to dress, wear; **vestirse** to dress oneself

vez *f.* time; occasion; instance; **cada vez más** more and more; **tal vez** perhaps; **a veces** at times
viajar to travel
vida *f.* life; **en mi vida** never, not ever; **ganar la vida** to earn a living
viejo old
viento *m.* wind
viernes *m.* Friday
vigilar to watch (over), look out for *or* look after
vino *m.* wine
viña *f.* vineyard
vivir to live
volar to fly
volver to return; to turn around; to become; **volver a** + *inf.* to . . . again
voz *f.* voice
vuelo *m.* flight

Y

ya already; **ya no** no longer; **ya que** since
yerno *m.* son-in-law

Z

zapato *m.* shoe
zoológico *m.* zoo; *adj.* zoological